ΣBEST シグマベスト

大学入試

古文の

最重要知識

スピードチェック

桑原 聡 著

文英堂

■入試の古文は，用言の活用や敬語などの決まりを覚えているか，いないかで得点を取れるかどうかが決まります。けれども普通の解説書などでは，文法すべてを説明しているので，どこが重要なのかよくわかりません。

■本書は，**大学入試頻出の古文の知識**だけを**得点源**としてまとめてあります。**入試での得点獲得のために必要な部分のみをどんどん勉強していける**ので，効率的で効果的な学習ができます。

■各単元は上段に覚えるべき知識(**得点源**)，下段に例文が載っています。例文で確認しながら**得点源**の事項をどんどん覚えていきましょう。

■単元末には例題も載っています。知識を覚えるだけでなく，学んだことの確認ができます。実際の大学入試問題も使用していますので，**実践的な学習が可能**です。

■別冊として『**基礎知識ブック**』をつけました。本文ではいちいち解説していない，活用や文学史などの基本的な知識を確認したいときに使えます。

■どこが重要なのかわからなくて，なかなか得点に結びつかないという人の悩みを解決，得点を飛躍的に伸ばすための１冊です！

もくじ

助詞のまとめ

和歌の修辞

付録

1 読点と格助詞「の」に注目して主語を見つける

得点源1

読点（、）を使った主語のパターンを覚える。

古文では、「花、咲く」のように、「が」や「は」ではなく、**読点（、）がついて主語を示す**ことが多い。読点が主語を示しているパターンを覚えておく。

1 **「人物、＋目的語＋に（を）」**のパターンになっている場合は人物＝主語になる。

2 **「人物A、＋人物B、……」**のパターンになっている場合は**AとBは並列**で、ともに**主語**である。

得点源2

格助詞「の」の主格のパターンを覚える。

1 「の」の直後に**体言**があっても**主格の可能性**を疑う。

連体修飾格で訳すと、主語がはっきりしない文章になるときは、

得点源1 を例文で確認

1 ある人、法然《ほふねん》上人に申しけり。

読点　目的語

ある人が、法然上人に申し上げた。

「ある人」が主語になる

2 小松の帝《みかど》の御母、この大臣《おとど》の御母、はらからにおはします。

読点　読点

小松の帝の御母とこの大臣の御母は姉妹でいらっしゃる。

「小松の帝の御母」と「この大臣の御母」が並列となって、ともに主語。

得点源2 を例文で確認

1 （大臣の許《もと》に）はじめて参りたる侍**の**名簿《みやうぶ》の端書きに能は歌よみと書きたりけり。

主格の「の」　体言

はじめて参上した侍が履歴書の端書きに得意

主格の「の」で訳してみる。

いつでも、直後に体言がある＝連体修飾格の「の」ではないので注意

2 すぐ下に**用言がある場合**は、**同格の可能性**も考える。

同格の場合は、

体言＋の＋……連体形＋が・を・に

という形になる。

それ以外の形の場合は主格となる

例題

（解説・解答は次ページ）

三年ばかりありて、春のはじめより、かぐや姫、月のおもしろう出でたるを見て(A)、常よりも、もの思ひたるさまなり。ある人の「月の顔見るは、忌《い》むこと」と制しけれども(B)、ともすれば、人間《ひとま》にも、月を見ては、いみじく泣きたまふ。七月十五日の月に出でゐて(チェック1-①)、せちにもの思へるけしき(チェック1-②)なり。

問 ――線A「見て」B「制しけれども」の主語を答えよ。

なのは歌をよむことと書いた。

「侍の」の「の」は、下に名詞「名簿」があるが、連体格ではなく主格。

2 **この家にて生まれし女子《をむなご》の、もろともに帰らねば、**

この家で生まれた女の子が、一緒に帰らないので、

「連体形＋が・を・に」になっていないので、この「の」は主格。

▼例題でチェック！

チェック1 ----線①・②を現代語に訳せ。

① ゐて

② けしき

例題　解説・解答

通釈　まずは全体の意味をつかもう

三年ばかり／ありて、／春のはじめより、／かぐや姫、／

（主語を示す読点）

三年ほど／経って、／春のはじめから、／かぐや姫は、／

月の／おもしろう／出でたるを見て、A／常よりも、／

月が／すばらしく／出ているのを見て、／いつもよりも、／

もの思ひたる／さまなり。／ある人の／「月の顔見るは、／

（主格の「の」）

思いわずらっている／ようすである。／ある人が／「月を見るのは／

忌《い》むこと」と／制しけれども、B／ともすれば、／人間《ひとま》にも、／

（かぐや姫は）

（不吉なので）避けること」と／止めたけれども、／ややもすると、／人のいないときにも、／

月を見ては、／いみじく／泣きたまふ。

月を見ては、／たいそう／泣いていらっしゃる。

（かぐや姫は）

七月十五日の月に／出でゐて、（チェック1-①）／せちに／もの思へる／

七月十五日の月に／縁に出て座って、／ひどく／思いわずらっている／

チェック1 の解答

① 座って

▼「ゐ」はワ行上一段活用「居《ゐ》る」の連用形。「座る」という意味がある。同じくワ行上一段活用の「率る」もひらがなで書くと「ゐる」になるので注意。

② ようす

▼現代語では「景色」と書き「風景」の意味だが、古文では「気色」と書き、目で見える物や人のようすを表す。そこから「機嫌」や「意向」という意味も現れた。
　音などから感じ取れるようすのことは「けはひ（けわい）」という。

チェック1-②
けしきなり。
ようすである。

解説

A 「かぐや姫(＝人物)、＋月のおもしろう出でたる(＝目的語)＋を＋見て」という形になっていることに注意する(得点源1-[1])。ここから、「見て」いるのは、**かぐや姫**であることがわかる。

B 「ある人の月の…」と連体修飾格で訳してしまうと、**意味が通らない**(得点源2-[1])。この「の」は**主格**を表し「ある人が…制止けれども」となるので、「制止けれども」の主語は**ある人**になる。

解答

A かぐや姫

B ある人

プラスα 月の呼び名

問題文中にある「十五日の月」は満月のことです。満月は「望月《もちづき》」とも言われました。

月齢には、それぞれ呼び名があります。

● 十六夜《いさよい》の月…十六日の月。月の出が満月より遅くなるので、月が出るのを「いさよふ(＝ためらう)」ということからつけられました。

● 立ち待ちの月…十七日の月。さらに月の出が遅くなるので、立って月の出を待つことからつけられました。

● 居待《いま》ち月…十八日の月。月の出を座って待つことからつけられました。

● 寝待《ねま》ち月…十九日の月。月の出を寝て待つことからつけられました。

このように、月末に近づくほど月の出・月の入りは遅くなり、二十日過ぎの月は「有り明けの月(＝夜が明けてもまだ有る月)」と呼ばれます。

出典 『竹取物語』
→『基礎知識ブック』P.26〜27

2 接続助詞に注目して主語を見分ける

得点源3

接続助詞「ば」の前後では、基本的に主語が変わる。

よくあるパターンは、次のようなもの。

（Aが）「……」と言ひければ、（Bが）「……」と答ふ。

「ば」の前後で主語がAからBへと変化している。

得点源4

接続助詞「て」の前後では、主語が変わるときと変わらないときがある。

1 主語が変わらないのが普通。

補足 現代語の「て」と同じ使い方。「京に入り立ちてうれし。」といった場合、「京に入り立ち」という動作をした人と「うれし」と思った人は同じになる。

2 前が原因で、後がその結果になっている場合、主語が変わる。

前の部分には自然現象が来ることが多い

得点源3を例文で確認

男、「聞きたまふや」と言ひければ、女、「聞きはべり」と答へけり。

男が、「聞いていらっしゃいますか」と言ったので、女は、「聞いております」と答えた。

「ば」の前後で主語が男から女へ変わる。

得点源4を例文で確認

1 （翁《おきな》が）あやしがりて寄りて見るに、筒の中光りたり。

（翁が）不思議に思って近寄って見ると、筒の中が光っていた。

「あやしがり」も「寄り」も「見る」も翁の動作。

2 雨降りて、花散れり。（原因 → 結果）

雨が降って、花が散った。

「て」の前の主語は「雨」で、後の主語は「花」となっている。

得点源5

接続助詞「を・に」の前後では、基本的に主語が変わる。

接続助詞「を・に」は、接続助詞「ば」と同じように、**順接や逆接**を表すので、**主語が前後で変わりやすい**。

得点源5を例文で確認

涙のこぼるるに、目も見えず、

涙がこぼれるので、目も見えないし、

主語が変わる

得点源4-1 例文の「見るに」の「に」も同じ。その前後で主語が変わっている。

例題

（解説・解答は次ページ）

成方《なりかた》といふ笛吹《ふえふき》ありけり。御堂《みだう》入道殿より大丸といふ笛をたまはる（チェック1-①）て、吹きけり（A）。めでたし（チェック1-②）ものなれば、伏見修理大夫俊綱朝臣《ふしみのすりのだいぶとしつなのあそん》ほしがりて、「千石《ごく》に買はむ」とありけるを、売らざりけれ（B）ば、たばかり（C）て、使《つかひ》をやりて、売るべきの由《よし》いひけり。

注 御堂入道―藤原道長。
千石―「石」は容積の単位。「千石」は笛の代価としては法外な値。

問 ――線A「吹きけり」B「売らざりけれ」C「たばかり」の主語は誰か。最も適当なものを次の中から選び、記号で答えよ。

ア 成方　イ 俊綱　ウ 俊綱の使

（県立広島大改）

▼ **例題でチェック！**

チェック1 ----線①・②を、正しく活用させよ。

① たまはる

② めでたし

例題　解説・解答

通釈　まずは全体の意味をつかもう

主語　成方は

成方《なりかた》といふ／笛吹《ふえふき》／ありけり。／御堂《みだう》入道殿より／

成方という／笛吹が／いた。／御堂入道殿から／

チェック1-①　A

大丸といふ笛を／たまはるて、／吹きけり。／

大丸という笛を／いただいて、／吹いた。／

笛は　チェック1-②　主語

めでたしものなれば、／伏見修理大夫俊綱朝臣《ふしみのすりのだいぶとしつなのあそん》／ほしがりて、／

すばらしいものであるので、／伏見修理大夫俊綱朝臣が／ほしがって、／

成方は　B　俊綱は　C

「千石《ごく》に買はむ」と／ありけるを、／売らざりければ、／たばかりて、／

「千石で（笛を）買おう」と／いったが、／売らなかったので、／だまして、／

使《つかひ》をやりて、／売るべきの由《よし》／いひけり。

使いをやって、／売らなくてはならない事情を／言った。

チェック1 の解答

① たまはり

▼接続助詞「て」は連用形に接続する。「たまはる」は四段活用なので、「たまはり」となる。

② めでたき

▼直後に「もの」という体言があるので、連体形にする。形容詞「めでたし」の連体形は「めでたき」と「めでたかる」の二つがあるが、体言につなげるときは「めでたき」を使う。

解説

主要な登場人物は二人。**成方と俊綱**である。

A 最初の文の主語が**成方**で、第二文の主語も**同じ**。「たまはりて」と**「て」で続いている**ので、「吹きけり」の**主語も変わらない**（得点源4-1）。

B 直前の「ありける」の主語は**俊綱**。**「を」の前後では基本的に主語が変わる**（得点源5）。「（笛を）買おう」と言ったのに対して「売ら」なかったのは笛の持ち主である**成方**である。

C 直前の「売らざりけれ」の主語は、笛を持っている**成方**。**「ば」で主語が変わり**（得点源3）、Cの主語は**俊綱**になる。

解答

A ア
B ア
C イ

プラスα 藤原道長

藤原氏は、自分の娘を天皇と結婚させ、生まれた子を天皇に即位させて、天皇の外戚《がいせき》（母方の親戚）となり、その権力を強固にしました。

問題文に出てくる「御堂入道」＝藤原道長は、四人の娘を天皇と結婚させ、三人の天皇の外祖父となり、藤原氏の全盛期を築きました。彼の娘・彰子《しょうし》に紫式部が仕えていたことは有名です。

「御堂」とは、仏堂や寺の敬称ですが、特に道長が建てた法成寺《ほうじょうじ》のことを指しました。そこから、道長の異名としても使われます。

出典

『十訓抄』〈第七ノ二五〉

→『基礎知識ブック』P.28～29

3 敬語に注目して主語を見分ける

得点源6

敬意の有無で主語を見分けることができる。

下段の例のように、**敬語を用いている人と用いていない人**がいた場合、主語が書かれていなくても、**敬語が用いられているかいないか**だけで、その動作主がわかる。

別の登場人物がでたときは改めて考える

得点源7

敬意の度合いで主語を見分ける。

敬語の中でも、**普通の敬意だけのもの**と、**二重尊敬**など、**特別な敬意のあるもの**（P.64得点源45）とに分けられる。**天皇や中宮などには二重尊敬が用いられ**、一重だけの敬語しか用いられない人と区別することができる。

得点源6・7を例文で確認

（中宮様が）「少納言よ。香炉峰《かうろほう》の雪いかならむ」と仰《おほ》せらるれば、御格子を上げさせて、御簾《みす》を高く上げたれば、笑はせたまふ。

（中宮様が）「少納言よ。香炉峰の雪はどうであろう」とおっしゃるので、（私は人に）御格子を上げさせて、御簾を高く上げたところ、（中宮様は）お笑いになる。

この文では中宮と書き手である「少納言」の二名が出てくる。〰がついた部分が敬語なので、「仰せらるれ」と「笑はせたまふ」の主語は中宮。「上げさせて」と「上げたれば」の主語は少納言。

例題

（解説・解答は次ページ）

賀茂の臨時祭の帰立《かへりだち》に、御神楽《かぐら》のあるに、行綱《ゆきつな》、家綱にいふやう、「人長《にんぢやう》召したてん時、竹台のもとに寄りて、［チェック1］そそめかんずるに、あれはなんする物ぞ、と［A］囃《はや》し給へ。その時、竹豹《ちくへう》ぞ、竹豹ぞ、といひて、豹のまねを［B］尽くさん」といひければ、家綱、「ことにもあらず。てのきは囃さん」と事うけしつ。

注 帰立—祭りの後、宮中に帰ってきた楽人らが神楽を奏すること。
人長—楽人の長。
てのきは囃さん—「全力で囃したてよう」の意。

問 ——線A「囃し給へ」B「尽くさん」の主語は誰か。最も適当なものを次の中から選び、記号で答えよ。

ア 家綱
イ 行綱
ウ 人長

（法政大改）

▼例題でチェック！

チェック1 ----線「そそめかんずるに」に含まれている助動詞を一つそのままの形で抜き出せ。

チェック2 問題文の『宇治拾遺物語』は鎌倉初期頃成立の説話集であるが、次の中から説話集ではないものを一つ選び、記号で答えよ。

ア 今昔物語集　イ 宝物集
ウ 無名抄　エ 撰集抄
オ 古今著聞集

例題 解説・解答

通釈 まずは全体の意味をつかもう

賀茂の臨時祭の／帰立《かへりだち》に、御神楽《かぐら》のあるに、／
賀茂の臨時祭の／宮中で、御神楽があるときに、／

行綱《ゆきつな》、／家綱にいふやう、／「人長《にんぢやう》／召したてん時、／
行綱が／家綱に言うことには、／「楽人の長が／お呼び出しになったとしたらその時に、／

（主語を示す読点）

竹台のもとに／寄りて、／そそめかんずるに、／
竹の台のもとに／寄って、／ざわざわ音を立てようと思うので、／

（チェック1）

あれは／なんする物ぞ、と／A 囃《はや》し給へ。／
『あれは／何をしようとしているものなのか』と／囃したててください。／

（敬語）

その時、／竹豹《ちくへう》ぞ、／竹豹ぞ、と／いひて、／
その時、／『竹豹だぞ、／竹豹だぞ』と／言って、／

豹のまねを／B 尽くさん」と／いひければ、／
豹のまねを／全力でやりましょう」と／言ったので、／

家綱、／「ことにもあらず。／てのきは囃さん」と／事うけしつ。
家綱は、／「たいしたことではありません。／全力で囃したてましょう」と／うけあった。

（主語を示す読点）

チェック1 の解答

んずる

▼推量の助動詞「むず」の連体形。推量の助動詞「む」「むず」は「ん」「んず」とも書くことを覚えておく。

チェック2 の解答

ウ

▼『無名抄』は鴨長明《かものちょうめい》が書いた歌論書。鴨長明の作品には、この他に随筆の『方丈記』、仏教説話集『発心集』があることを覚えておく。

解説

行綱が家綱に向かって話している場面である。「囃し給へ」、「その時」に「尽くさん」と言っている。

A 「囃し給へ」には**「給へ」という尊敬の補助動詞がついている**ことに注意する（得点源6）。動作に尊敬語をつけるということは、自分の動作ではなく、**相手の動作**であることがわかる。「囃し立ててください」とお願いをしていることから、動作の主語は話している相手である**家綱**になる。

B Aに対して「尽くさん」には**敬語がついていない**ので、話をしている**行綱自身**が動作の主語になる（得点源6）。

解答

A ア

B イ

プラスα 賀茂の祭り

京都にある上賀茂《かみがも》・下鴨《しもがも》両神社は朝廷から厚い崇拝を受け、陰暦四月に行われる祭りは、平安時代中期以降盛大に行われてきました。そのため、平安時代の貴族にとって、単に「祭り」といえば、この賀茂の祭りを指しました。

この祭りでは、祭りに参加する人々の冠や牛車などをフタバアオイで飾りました。そこから「葵祭《あおいまつり》」とも呼ばれています。和歌に詠まれるときは、多く、この「葵《あふひ》」と「逢《あ》ふ日《ひ》」を掛けて詠みます。

問題文にある「賀茂の臨時祭」は、陰暦十一月に行われた祭りで、この四月の祭りに準ずるものでした。「臨時」とありますが、実際には恒例化していました。

出典

『宇治拾遺物語』〈巻五ノ五〉

→『基礎知識ブック』P.28〜29

4 助動詞「る・らる」の四つの意味を見分ける

↓基礎知識ブック P.14

得点源8 「る・らる」の前後にヒントがある。

1 「〜に」という受身の対象が存在する場合は**受身**。

2 尊敬に値する身分の高い人が主語である場合は**尊敬**。

3 心情や知覚の動詞「思ふ・思ひ出《い》づ・偲《しの》ぶ・嘆く・ながむ・おどろく・泣く・知る・見る」についている場合は**自発**。

4 下に打消の語がある場合は**可能**。

鎌倉時代以降は打消がなくても可能になる

得点源9 前後の尊敬語で見分ける。

1 「仰《おほ》せらる」や「思《おぼ》さる」のように尊敬語の直後につく場合は**尊敬**。

得点源8 を例文で確認

1 舅《しうと》にほめらるる婿《むこ》 ⇩受身
舅に褒められる婿
受身の対象

2 (光源氏が)絵ども集めらる。⇩尊敬
絵などをお集めになる。
身分の高い人

3 思ひ出でらる。⇩自発
自然に思い出される。
心情動詞

4 ものも言はれず。⇩可能
ものを言うことができない。
打消の語

得点源9 を例文で確認

1 「御硯《すずり》の墨すれ」と仰せらるるに、
「御硯の墨をすれ」とご命じになるが、
尊敬語「仰す」

2 「れ給ふ」「られ給ふ」のように**「給ふ」の直前**につく場合は**自発・受身**が多い。

（ごくまれに尊敬になる）

2 西の宮の左大臣流されたまふ。
西の宮の左大臣が流罪にされなさる。（受身）

例題

次の文章は『枕草子』の一節で、筆者の清少納言が里帰りしているときに、中宮から手紙が届いた箇所である。よく読んで設問に答えよ。なお「左衛門の陣へ…たりしか」は、中宮の側近の女房が私信として書き添えたものである。

（解説・解答は次ページ）

さてその左衛門《さゑもん》の陣などに行きて後、里に出でてしばしあるほどに、「とく（チェック1-①）まゐりね」などある仰せ言《ごと》の端に、「左衛門の陣へ行きしうしろなむ常に思しめし出でらるる（A）。いかでかさつれなくうちふりてありしならむ。いみじう（チェック1-②）めでたから（チェック1-③）むとこそ思ひたりしか」など仰せられ（B）たる御返しに、かしこまりのよし申して、

問 ――線A「らるる」B「られ」を、例にならって文法的に説明せよ。

例 人にかしづかれて……受身の助動詞「る」の連用形

▼例題でチェック！

チェック1 次の----線①～③の語の品詞名を答えよ。

① とく
② いみじう
③ めでたから

チェック2 問題文中から係助詞をすべて抜き出し、その結びの語も答えよ。

例題　解説・解答

通釈　まずは全体の意味をつかもう

さて／その左衛門《さゑもん》の陣などに行きて後、／里に出でて／しばし／
そうして／その左衛門の陣などに行った後、／里に下がって／すこし／

あるほどに、／／「とく／まゐりね」／などある／仰せ言《ごと》の端に、／
経ったときに、／／（中宮様から）「早く／参上しなさい」／などとある／お言葉の端に、／

「左衛門の陣へ／行きしうしろ**なむ**／常に／思しめし出で**らるる**。／
（女房が）「（あなたが）左衛門の陣へ／行ったときの後ろ姿を／いつも／（中宮様は）思い出していらっしゃいます。／

いかでか／さ／つれなく／うちふりて／ありしならむ。／
どうして／あのように／そしらぬ顔で／古臭い格好で／いたのでしょう。／

いみじう／めでたからむと**こそ**／思ひたり**しか**」／など／
はなはだしく／すばらしかろうと／（私は）思っていましたのに」などと（書かれてある。）／

仰せられたる御返しに、／かしこまりのよし／申して、
（中宮様が）おっしゃったご返事には、／恐れ多いことの旨を／申し上げて、…

（チェック1-①：とく　チェック1-②：いみじう　チェック1-③：めでたから　係助詞 なむ → 結び らるる（A）　係助詞 こそ → 結び しか　B：仰せられ）

チェック1 の解答

① 副詞

▼「とく」は形容詞「とし」の連用形からできたもの。「すぐに」という意味。

② 形容詞

▼「いみじう」は形容詞「いみじ」のウ音便で「はなはだしい」という意味。プラスの意味で使うときは「すばらしい」、マイナスの意味で使うときは「ひどい」と訳す。

③ 形容詞

▼「めでたから」は形容詞「めでたし」の未然形。「すばらしい」という意味。

チェック2 の解答

係助詞 ― 結びの語

「なむ」　「らるる」（通釈3行目）

「こそ」　「しか」（通釈5行目）

▼「しか」は過去の助動詞「き」の已然形。カギカッコ（」）で区切られた部分で一文が終わることに注意。

解説

A 直前の語「思しめし出で」は**「思ひ出づ」の尊敬語**である。したがって、「思しめし出で」は**尊敬語であると同時に心情語**でもある。尊敬語の面を重視すれば「らるる」の意味は尊敬になる（得点源9-1）。心情語という面を重視すれば「らるる」の意味は自発になる（得点源8-3）。

このような場合は意味から考える。「常に思しめし出で」とあり、**自然に思い出すというよりも、中宮様はわざわざ思い出されている**ので、自発とはとれない。

文末にあるが、文中「うしろなむ」の**係助詞「なむ」の結び**になっているので、**連体形**である。

B 直前の語「仰せ」は「言ふ」の尊敬語なので、「られ」の意味は**尊敬になる**（得点源9-1）。

完了の助動詞「たり」に接続しているので、**連用形**になる。

完了の「たり」は連用形接続

解答

A 尊敬の助動詞「らる」の連体形
B 尊敬の助動詞「らる」の連用形

プラスα 清少納言

『枕草子』の作者である清少納言は、一条天皇の中宮（のちに皇后）である藤原定子に仕えていました。『枕草子』でレベルの高い敬語が使われている人物は中宮定子であることが多いのに注意しましょう。

また、清少納言の父・清原元輔《もとすけ》は歌人として有名でした。曾祖父の清原深養父《ふかやぶ》も同じく高名な歌人でした。このため、清少納言は和歌を詠むときには父や曾祖父の名に恥じないようにと、強いプレッシャーを感じていたようです。

出典

『枕草子』〈さてその左衛門の陣などに行きて後〉

→『基礎知識ブック』P. 26～27

5 助動詞「り」を整理する

⬇基礎知識ブック P.13

得点源10

「り」の接続は「サ未四已《さみしい》」で覚える。

完了の助動詞「り」の接続は**サ変動詞の未然形**と**四段動詞の已然形**。**「サ未四已《さみしい》」**と覚えておく。

補足 四段動詞の已然形ではなく、命令形とする説もあるが、入試においてはどちらでもかまわないので、「さみしい」でよい。

得点源11

「る」「れ」が出たら、活用形と接続で見分ける。

助動詞「る・らる」の「る」にも、活用形の中に「る」や「れ」があるため、**助動詞「り」か「る」かを判断しなくてはならない。**

基本形	未然形	連用形	終止形	連体形	已然形	命令形
り	ら	り	り	る	れ	れ
る	れ	れ	る	るる	るれ	れよ

得点源10 を例文で確認

蹴鞠《けまり》せり。（サ変動詞「す」の未然形）

蹴鞠をした。

花咲けり。（四段動詞「咲く」の已然形）

花が咲いた。

得点源11 を例文で確認

つゆまどろまれず、（四段動詞の未然形／未然形に接続 ⇩助動詞「る」）

少しもうとうと眠ることもできないで、

いと思ひのほかなる人の言へれば、（四段動詞の已然形／已然形に接続 ⇩助動詞「り」）

大変意外な人が言ったので、

それぞれの「る」「れ」は活用形が異なるので、**直後の語との接続**で見分ける。

助動詞「る」は**四段・ラ変・ナ変の未然形に接続**するので、直前の語との接続で見分ける。

「四ラナ未《しらなみ》」と覚えておくとよい

例題

都の近づくを喜びつつ上《のぼ》る。かく上る人々の中に、京より下りし時に、みな人、子どもなかりき、到《いた》れりし国にてぞ、子生める者ども、ありあへる。人みな、船の泊まる所に、子を抱きつつ、降り乗りす。これを見て、昔の子の母、悲しきに堪へずして、

なかりしもありつつ帰る人の子をありしもなくて来るが悲しさ

と言ひてぞ泣きける。

（解説・解答は次ページ）

問一 ――線A「り」の活用形を答えよ。

問二 ――線B・C「る」が、助動詞「り」ならば○で、助動詞「る」ならば×で答えよ。

▼**例題でチェック！**

チェック1 ----線①～③の品詞名を答えよ。

① かく

② 悲しき

③ 悲しさ

チェック2 問題文は『土佐日記』の一節である。作者名を答えよ。

例題 解説・解答

通釈 まずは全体の意味をつかもう

都の近づくを／喜びつつ上《のぼ》る。／かく（チェック1-①）／上る人々の中に、／
都が近づくのを／喜びながら（淀川を京の都へと）上る。／このように／上る人々の中に、／

京より下りし時に、／みな人、子どもなかりき、／
京から（土佐の国に）下った時には、／みな、子どもがいなかった、／

到《いた》れりし（A：助動詞「き」）国にてぞ、／子生める（B：已然形）者ども／ありあへる（C：已然形）。／人みな、／
行った国で、／子を生んだ者たちが、／居合わせた。／その人たちはみな、／

船の泊まる所に、／子を抱きつつ、／降り乗りす。／これを見て、／
船が停泊する場所で、／子を抱いて、／乗り降りする。／この様子を見て、／

昔の子の母、／悲しきに（チェック1-②）／堪へずして、／
（土佐の国で）子を亡くした母親は、／悲しさに／耐えきれなくなって、／

なかりしもありつつ帰る人の子をありしもなくて来るが悲しさ（チェック1-③）
子がいなかったのに今は子がいて連れて帰る人がいるのに、いた子を亡くして帰る悲しさ

と言ひてぞ／泣きける。
と言って／泣いた。

チェック1の解答

① 副詞
▼「かく」は副詞。「このように」という意味。

② 形容詞
▼「悲し」は「悲しい。悔しい。いとおしい。」という意味がある。特に「いとおしい」の意味に注意する。

③ 名詞
▼②の「悲しき」は形容詞「悲し」の連体形。「悲しさ」は形容詞「悲し」に接尾語「さ」がついてできた名詞。

チェック2の解答

紀貫之

解説

問一 直後の語「し」は過去の助動詞「き」の連体形で、過去の助動詞「き」は連用形に接続するので、この「り」は連用形。

問二

B 直前の語「生め」はマ行四段動詞「生む」の已然形なので「る」は助動詞「り」とわかる(得点源10)。

また、直後の語「者」は名詞(=体言)なので「る」は連体形(得点源11)。

C 直前の語「ありあへ」はハ行四段動詞「ありあふ」の已然形なので「る」は助動詞「り」とわかる(得点源10)。

直後に句点「。」がついているので、終止形と思い、助動詞「る」の終止形としたくなるが、上に係助詞「ぞ」があることを忘れてはならない。係助詞「ぞ」の結びは連体形なので、この「る」は連体形(得点源11)。

解答

問一 連用形

問二 B ○ C ○

プラスα 紀貫之と古今和歌集

『土佐日記』の作者・紀貫之《きのつらゆき》は『古今和歌集』の撰者としても有名です。彼が書いた『古今和歌集』仮名序(ひらがなで書かれた序文)は、和歌の本質、起源、技法などを述べており、後世の歌人に大きな影響を与えました。

『古今和歌集』の撰者は全部で四人。貫之の他に

- 紀友則《とものり》
- 凡河内《おおしこうちの》躬恒《みつね》
- 壬生忠岑《みぶのただみね》

がいます。

出典 『土佐日記』 →『基礎知識ブック』P.26〜27

6 助動詞「む・らむ・けむ」をまとめて覚える

↓基礎知識ブック P.16〜17

得点源12 「む」「らむ」「けむ」は推量する時間が違う。

「ん」「らん」「けん」とも書くので注意

1 む…未来のことを推量する。

「む」は、推量以外に、意志、勧誘・適当、仮定・婉曲など、さまざまな意味をもつ。その訳し分けに注意（得点源13・14）。

補足 推量の助動詞には「むず」もあるが、これは「むとす」が縮まった形で、「む」と同じ意味。「んず」とも書く。平安時代はおもに会話文に用いられた。

2 らむ…現在のことを推量する。

現在のことであるが、目には見えていないことについて、推量したり、その背後にある原因を考えたりする。

3 けむ…過去のことを推量する。

過去のことについて、推量したり、その背後にある原因や理由を推量する。

得点源12を図で確認

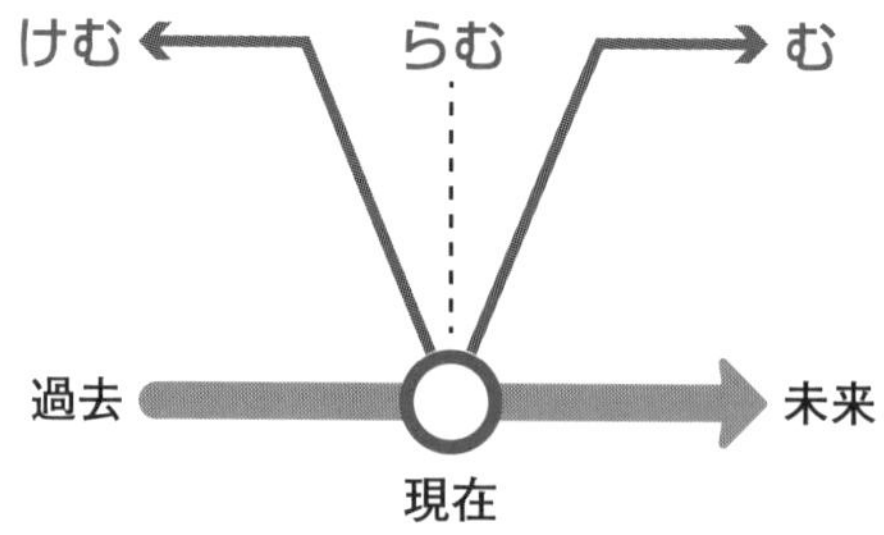

得点源13 文末にある「む」は主語で訳し分ける。

1 主語が一人称の場合は意志。「〜よう」「〜つもりだ」と訳す。

2 主語が二人称の場合は勧誘・適当。「〜するのがよい」と訳す。

3 主語が三人称の場合は推量。「〜う」「〜だろう」と訳す。

得点源14 文中にある連体形の「む」は仮定・婉曲《えんきょく》。

文中にあって連体形になる場合は仮定・婉曲。「もし〜たら」「〜ような」と訳す。仮定（「もし〜たら」）で訳すか、婉曲（「〜ような」）で訳すかは、その文脈にふさわしいほうをとる。

婉曲は無理に訳さなくてもよい

得点源13を例文で確認

1 われ、往《い》なむ。⇩意志
一人称
私は、行こう。

2 汝《なんぢ》、忍びて参りたまはめ。⇩勧誘・適当
二人称
あなたは、人目を避けて参上なさるのがよい。

3 雨、降らむ。⇩推量
三人称
雨が、降るだろう。

得点源14を例文で確認

思はむ子を ⇩仮定・婉曲
連体形　体言
（かわいいと）思うような子を

得点源15 「らむ」の意味と訳し方をおさえる。

1 **現在推量**。「(今頃は)〜ているだろう」と訳す。

2 **現在の原因推量**。「どうして〜のだろう」と訳す。

3 **現在の伝聞・婉曲**。「〜そうだ」「〜ような」と訳す。

得点源16 「けむ」の意味と訳し方をおさえる。

1 **過去推量**。「〜たのだろう」と訳す。

2 **過去の原因推量**。「どうして〜たのだろう」と訳す。

3 **過去の伝聞・婉曲**。「〜たそうだ」「〜たような」と訳す。

得点源15 を例文で確認

1 子泣く**らむ**
(今頃は家で)子供が泣いているだろう
現在のできごと

2 などや苦しき目を見る**らむ**
どうして苦しい目にあうのだろう
現在の状況

3 人の言ふ**らむ**こと
人が言うようなこと

得点源16 を例文で確認

1 そこほどにてぞあり**けむ**。
そのあたりであったのだろう。
過去のできごと

2 なに思ひ**けむ**
どうして思ったのだろう
過去の原因を考える

3 増賀《そうが》ひじりの言ひ**けん**やうに、
増賀上人が言ったそうだとかいうように、
「けむ」と同じ

例題

（解説・解答は次ページ）

むかし、男、京をいかが思ひけむ、東山にすまむと思ひ入りて、

すみわびぬいまはかぎりと山里に身をかくすべき宿もとめてむ

かくて、ものいたく病みて、死に入りたりければ、おもてに水そそきなどして、いきいでて、

わが上に露ぞ置くなる天の河とわたる船のかいのしづくか

となむいひて、いきいでたり［　］。

問 ――線A～Cを、現代語訳せよ。

▼例題でチェック！

チェック1 ----線「すみわびぬ」を現代語訳せよ。

チェック2 ［　］に入る過去の助動詞で、正しいものを次の中から選べ。

ア き　イ し

ウ けり　エ ける

例題　解説・解答

通釈　まずは全体の意味をつかもう

むかし、男、／京をいかが思ひけむ、(A)／東山にすまむと(B)／
昔、男は、／京をどのように思ったのだろう、／東山に住もうと／

思ひ入りて、／
思って分け入って、／

チェック1
すみわびぬいまはかぎりと山里に身をかくすべき宿もとめてむ(C)
京は住みにくくなった。もうこれまでと山里に身をかくすべき宿を探しもとめよう

かくて、／ものいたく病みて、／死に入りたりければ、／
こうして、／ある病気をたいそう患って、／どんどん死に近づいていったので、／

おもてに／水そそきなどして、／いきいでて、／
男の顔に／水をそそぎなどしたところ、／男は息を吹き返して、／

わが上に露ぞ置くなる天の河とわたる船のかいのしづくか
私の上に露を置くようだ。天の河の河門《かわと》を渡る船の櫂《かい》のしずくであろうか

となむ（係助詞）いひて、／いきいでたり［　　］（チェック2）（結び）。
と言って、／生き返った。

チェック1 の解答

住みにくくなった

▼「わぶ」は「思い悩む」という意味。他の動詞の連用形についた場合は「～しにくい」と訳すのを覚えておく。

「ぬ」は完了の助動詞「ぬ」の終止形。

チェック2 の解答

エ

▼「き」も「けり」も過去を表す助動詞だが、「き」は話し手や書き手が直接経験した過去の出来事である時に使う。

一方「けり」は間接（伝聞）過去を表す時に使うので、物語の地の文などでは基本的に「けり」を使う。

ここでは、物語なので、直接経験の過去「き」は入らず、「けり」になる。ただし、文中に係助詞「なむ」があるので、文末を連体形にしなくてはならない。

解説

A 「いかが（＝どのように）」とあるので、**原因を推量しているのではない**。ここは**過去推量**で（得点源16-1）、**「思ったのだろう」**と訳す。

B **男自身が「（私は）東山にすまむと思」っている**ので、**意志**ととって（得点源13-1）、**「住もう」**となる。「男」とあるから三人称で、推量であると間違えないようにする。

C 「もとめてむ」の主語も**男自身**。「（私は）もとめてむ」となるので、意味は**意志**になって（得点源13-1）、**「もとめよう」**となる。

解答

A どのように思ったのだろう

B 東山に住もう

C 宿を探しもとめよう

プラスα 在原業平

問題文の『伊勢物語』には、在原業平《ありわらのなりひら》の歌が多く採られ、主人公「昔男」は、彼がモデルになっているといわれています。ただし、業平の実像とは大きく異なり、虚構の人物と考えたほうが良いようです。

和歌を得意とした業平は、『古今和歌集』の六歌仙（すぐれた六人の歌人）の一人に選ばれています。

出典

『伊勢物語』〈五九段〉

→『基礎知識ブック』P.26〜27

7 助動詞「べし」の意味と見分け方をおさえる

↓基礎知識ブック P.18

得点源17 主語で意味を判断する。

1 主語が**一人称**の場合は強い**意志**。「～(よ)う」と訳す。

2 主語が**二人称**の場合は**適当**か**命令**。適当ならば「～がよい」と訳し、命令ならば「～しなさい」と訳す。

補足 命令の「べし」＋打消の助動詞「ず」＝「べからず」となった場合は「～してはならない」と禁止の意味となる。禁止は打消の命令と考える。

3 主語が**三人称**の場合は**推量**。「(きっと)～だろう」「～そうだ」と訳す。

補足 「べし」の推量は、根拠や強い確信をもって推量する点が「む」とは違う。あきらかにそのような出来事が実現されると思われる場合である。

得点源18 当然・可能は訳して区別をする。

1 「～はずだ」「～べきだ」と訳せるときは**当然**。

得点源17を例文で確認

1 われ、死ぬ**べし**。（一人称）
私は死んでしまおう。

2 汝《なむぢ》、作文《さくもん》の船に乗る**べし**。（二人称）
あなたは、漢文を作る船に乗るのがよい。

汝、この橋渡る**べからず**。（二人称）
あなたは、この橋を渡ってはならない。

3 風も吹きぬ**べし**。（三人称）
風も吹くだろう。

得点源18を例文で確認

1 負けじと打つべきなり。

2 **「〜できる」**と訳せるときは**可能**。可能の場合は**打消の文**で使われ、**「〜できない」**と**不可能を表す**ことが多い。

「〜できるだろう」「〜できそうだ」などと訳すほうが自然なときもある

負けまいと思って（双六《すごろく》を）打つべきである。

2 いかでか君に仕うまつり候《さうら》ふ**べき**。
どうして主君に仕えることができようか。
羽なければ、空をも飛ぶ**べから**ず。
羽がないので、空を飛ぶことができない。

例題

次の文章は、源為朝《みなもとのためとも》が合戦の計画を説明している場面で、敵方に奇襲をかけようと提案しているところである。よく読んで設問に答えよ。

（解説・解答は次ページ）

御輿《みこし》に矢を進《まゐ》らせ候ふべしA。これ、為朝が放つ矢にて候ふまじ（チェック1）。天照大神《てんせうだいじん》・正八幡宮《しやうはちまんぐう》の放させたまふ御矢にて候ふべしB。駕輿丁《かよちやう》、矢に恐れて御輿を打ち捨て奉り、逃げ散り（チェック2）候ひなん。その時、行幸をこの御所へなし奉る事、時刻《じこく》を廻《めぐ》らすべからCず。

注 駕輿丁—輿を担いで運ぶ男。
時刻を廻す—時間を費やす。時間をかける。

問 ——線A・B「べし」C「べから」の意味として最も適当なものを次の中から選び、記号で答えよ。
ア 推量　イ 命令　ウ 意志

▼例題でチェック！

チェック1 ……線「まじ」の意味を答えよ。

チェック2 ……線「逃げ散り」の主語は誰か。最も適当なものを次の中から選び、記号で答えよ。
ア 為朝
イ 駕輿丁
ウ 御輿

例題　解説・解答

通釈　まずは全体の意味をつかもう

私、為朝が

御輿《みこし》に／矢を／進《まゐ》らせ候ふべし A。／

（帝がお乗りになる）御輿に／矢を／放ち申し上げましょう。／

これ、／為朝《ためとも》が／放つ矢にて／候ふまじ。（チェック1）／

これは、／為朝が／放つ矢では／ございませんでしょう。／

矢は

天照大神《てんせうだいじん》・正八幡宮《しやうはちまんぐう》の／放させたまふ／御矢にて／候ふべし B。／

天照大神・正八幡宮が／お放ちになる／御矢で／ございましょう。／

駕輿丁《かよちやう》、／矢に恐れて／御輿を打ち捨て奉り、／

主語を示す読点

御輿を担いでいた男たちは、／矢に恐れをなして／御輿を打ち捨て申し上げて、／

（チェック2）逃げ散り候ひなん。／その時、／行幸をこの御所へ／なし奉る事、／

あなたがたは

逃げ散ってしまうでしょう。／その時、／（外に出てこられた）天皇をこの御所に／お連れ申し上げることに、／

時刻《じこく》を／廻《めぐら》すべから C ず。

時間を／かけてはなりません。

チェック1 の解答

打消推量

▼「まじ」は「べし」の意味を打消にしたものだと考えればよい。「これ」という三人称が主語なので、打消推量になる。

「べし」が「む」より根拠や強い確信をもって推量するように（**得点源17-3**）、「べし」の意味の打消にあたる「まじ」は、「む」の意味の打消にあたる「じ」よりも、打消の意味合いが強くなる。

「まじ」については『基礎知識ブック』P.18も見てみよう。

チェック2 の解答

イ

▼「駕輿丁」の直後にある読点に注意。「恐れて」「打ち捨て」もすべて「駕輿丁」の動作。

解説

A 「矢を進《まゐ》らせ候ふ」の主語が、**話をしている為朝自身**なので、**一人称**の主語になる。したがって**意志**ととる（得点源17-1）。

B **「これ（＝為朝が放った矢）」が主語**なので、**三人称**の主語である。したがって**推量**ととる（得点源17-3）。念のため、「可能」もしくは「当然」の訳語を「べし」の部分にあてはめてみても、うまく訳すことができない。

C ここは**相手に対して進言している**場面。「時刻《じこく》を廻《めぐら》す」主語は相手になるので、**二人称**の主語になる。したがって**命令**ととる（得点源17-2）。「べからず」と否定形になっているので、「～してはいけない」という禁止の意味をもつ。

解答

A ウ
B ア
C イ

プラスα みゆき

「みゆき」とは、天皇がお出かけになることをいいます。

もとは、上皇や女院などにも用いられましたが、のちに天皇の場合は「行幸《ぎやうがう》（「ぎやうかう」とも）」、上皇や女院の場合は「御幸《ごかう》」と言い分けられるようになりました。

皇后や皇太子などの場合は「行啓《ぎやうけい》（「ぎやうけい」とも）」といいます。

出典

『保元物語』〈巻上〉
鎌倉時代前期の軍記物語。保元の乱のありさまを和漢混交文で記している。

8 推量の助動詞を整理する

基礎知識ブック P.16〜20

得点源19

「む」を中心に、推量の助動詞の全容を整理する。

種類の多い推量の助動詞は、一つ一つ覚えていくのではなく、**「む」を中心**にして、それに**何かの意味を加えていったもの**が残りの助動詞だと考えていくと整理しやすい。

「むず」は「むとす」が縮まった形で、「む」と同じ意味。P.25 得点源13・14

得点源20

「む」＋時で「らむ・けむ」。

1 **む(推量)＋現在 ⇩ らむ(現在推量)**

む(＝〜だろう)＋現在(＝今頃は) ⇩ **今頃は〜だろう**と訳す。

2 **む(推量)＋過去 ⇩ けむ(過去推量)**

む(＝〜だろう)＋過去(＝〜た) ⇩ **〜たのだろう**と訳す。

得点源19〜23 を図で確認

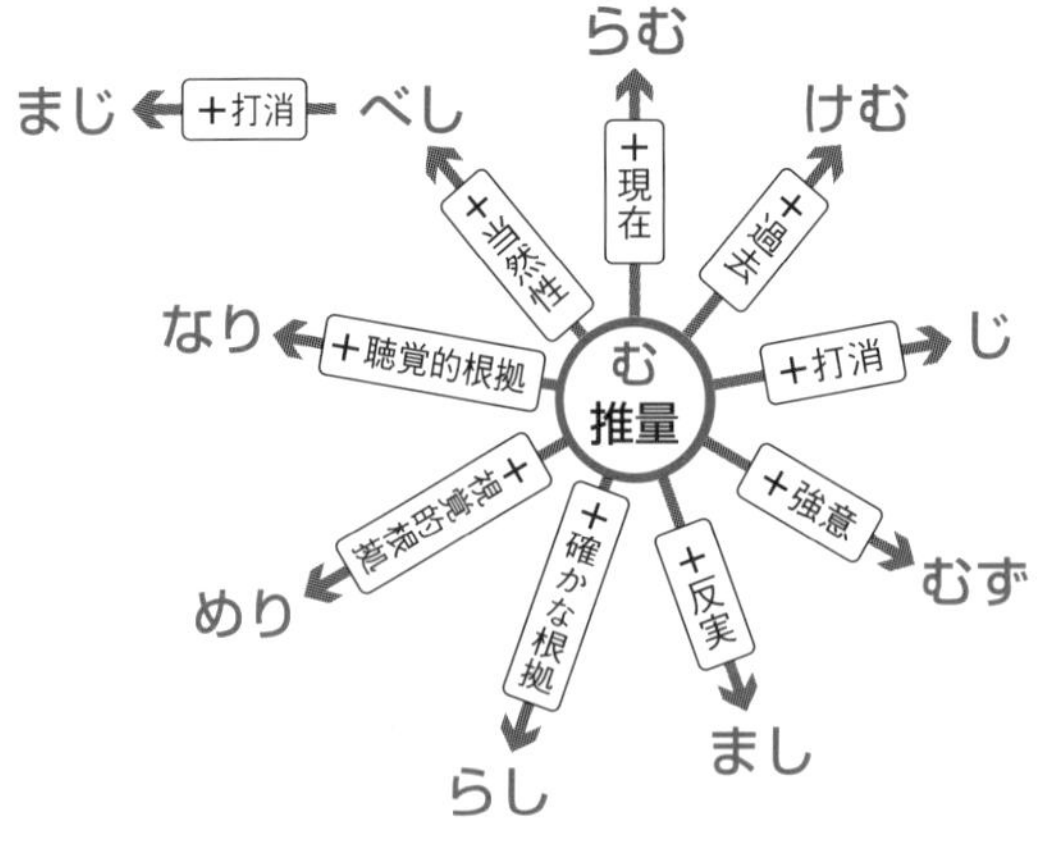

得点源21 「む」＋根拠で「らし・めり・なり」。

1 **む（推量）＋確かな根拠 ⇩ らし（推定）**
現代語の「らしい」と同じ
む（推量）＋確かな根拠（＝～らしい）⇩ **～らしい**と訳す。

2 **む（推量）＋視覚的根拠 ⇩ めり（推定）**
目で見たことから推測している
む（推量）＋視覚的根拠（＝～ようだ）⇩ **～ようだ**と訳す。

3 **む（推量）＋聴覚的根拠 ⇩ なり（推定）**
耳で聞いたことから推測している
む（推量）＋聴覚的根拠（＝～ようだ）⇩ **～ようだ**と訳す。

得点源22 「む」＋反実で「まし」。

む（推量）＋反実 ⇩ まし（反実仮想）
む（＝～だろう）＋反実仮想（＝もし～だとしたら）⇩ **もし～だとしたら…のに**と訳す。

補足 「反実」とは事実に反すること。「仮想」とは仮に想像して考えること。

得点源21 を例文で確認

1 **夕されば衣手寒しみ吉野の吉野の山にみ雪降るらし**
夕方になると衣の袖が寒い、吉野の山には雪が降っているらしい
「夕方になると衣の袖が寒い」という根拠から「吉野の山には雪が降っている」と推量している。

2 **うるはしき皮なめり。**
りっぱな皮のようだ。
目で皮を見ながら、推量している。

3 **しづまりぬなり。**
寝静まったようだ。
耳で聞いて、推量している。

得点源22 を例文で確認

世の中にたえて桜のなかりせば春の心はのどけからまし
世の中にまったく桜というものがなかったら、春の心はのどかであったろうに
「桜がない」という事実に反することを挙げて、想像してみる。

得点源23　「む」＋打消で「じ」。

む（推量）＋打消 ⇩ じ（打消推量）

む（＝～だろう）＋打消（＝ない）⇩ ～ないだろうと訳す。

主語が一人称の時は打消意志になることも覚えておく。

（「～ないはずだ（～まい）」と訳す）

得点源24　「む」＋当然で「べし」。「べし」＋打消で「まじ」。

む（推量）＋当然性 ⇩ べし（当然推量）＋打消 ⇩ まじ（打消の当然推量）

む（推量）＋当然性（＝～はず）⇩ ～はずだ（べし）＋打消（＝～ない）⇩ ～ないはずだ（まじ）と訳す。

「べし」は推量だけでなく、他の意味も重要（P.30～31得点源17・18）。

（「む」よりも意味が強くなることを覚えておく）

「まじ」は、主語が一人称の時は打消意志になることも覚えておく。

（「～ないはずだ（～まい）」と訳す）

得点源23・24を図で確認

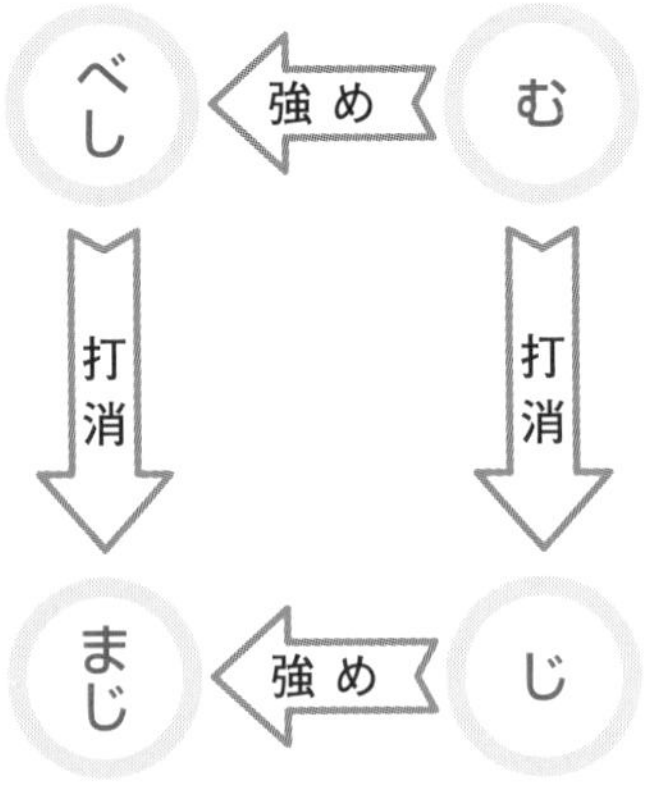

例題

（解説・解答は次ページ）

次の文章は『宇治拾遺物語』の一節で、清水寺に幾度となく参詣したが、ご利益が「御帳のかたびら（＝とばり用の布）」一枚しかなかった女が嘆いている場面である。よく読んで設問に答えよ。

夢のごとく、御帳のかたびら、たたまれて前にあるを見るに、「さは、これよりほかに、賜《た》ぶべき物のなきにこそあんなれ」と思ふに、身の程の思ひ知られて、悲しくて申すやう、「これ、さらにたまはらじ。少しのたよりも候はば、錦をも、御帳にはぬひて参らせむとこそ思ひ候ふに、この御帳ばかりをたまはりて、まかり出づべきやう候はず。返し参らせ候ひなむ」と申して、犬ふせぎの内に、さし入れて置きぬ。

注 犬ふせぎ―仏道の内陣と外陣を仕切る、低い格子のついたて。

問 ――線A・Bを、現代語訳せよ。

（福岡女子大改）

▼例題でチェック！

チェック1 ----線「これよりほかに」の「これ」とは何か、答えよ。

チェック2 ----線「れ」を、例にならって文法的に説明せよ。

例 人もありかね|ば…打消の助動詞「ず」の已然形

例題　解説・解答

通釈　まずは全体の意味をつかもう

夢のごとく、／御帳のかたびら、／たたまれて／前にあるを見るに、／

夢の通りに、／御帳の布が、／たたまれて／前にあるのを見るにつけても、／

「さは、／チェック1 これよりほかに、／賜《た》ぶべき物のなきにこそあんなれ」と／

「それでは、／これよりほかに、／(清水寺の観音様が私に)お与えになるつもりの物がないのであるようだ」と／

思ふに、／身の程の／思ひ知られて、チェック2／悲しくて申すやう、／

思うと、／(女は)身の上が／思い知らされて、／悲しくて申し上げることには、／

「これ、／A さらにたまはらじ。／少しのたよりも候はば、／

「これは、／絶対にいただくまい。／少しでも頼みにできるものをいただいていましたならば、／

錦をも、／御帳には B ぬひて参らせむとこそ／思ひ候ふに、／

錦を、／御帳に縫ってさしあげようと／思いますが、／

この御帳ばかりを／たまはりて、／まかり出づべきやう候はず。／

この御帳だけを／いただいて、／退出できるはずはございません。／

チェック1 の解答

御帳のかたびら

▼「これ」は前にあるものを指している。それ以外に「賜ぶべき物」がないといっているので、女に与えられた物をさがす。

チェック2 の解答

自発の助動詞「る」の連用形

▼四段活用の未然形に接続しているので、この「れ」は受身・尊敬・自発・可能の「る」である。「思ひ知る」と心情を表す語についていることから、自発とわかる(P.16 **得点源8-3**)。「思い知らされて」と訳すが、受身と間違えないようにする。

返し参らせ候ひなむ」と／申して、／犬ふせぎの内に、／

お返し申し上げましょう」と／申し上げて、／犬ふせぎの中に、／

さし入れて置きぬ。

さし入れて置いた。

解説

A 「じ」の意味には**打消推量**と**打消意志**がある。「たまらはじ」の主語は女で、**一人称**となるので（得点源**23**）、**打消意志**でとる。「さらに」は打消の語を伴って「絶対（まったく）～ない」の意味になる。「たまはら」は「もらふ」の謙譲語。

B 主語は**女自身**なので、**意志**で訳す。「参らせ」は補助動詞で「～てさしあげる」となる。

解答

A 絶対にいただくまい

B ぬってさしあげよう

プラスα　清水寺のご利益

説話では、貧しい女性が清水寺の観音に祈ったところ、そのご利益《りやく》で良縁や財産を得るという話がいくつもあります。問題文の女性も、この後、観音からいただいた御帳のかたびらによって幸福を得ます。

舞台となっている清水寺は、今の京都市東山区にある寺院です。本尊は十一面観音。現世利益（＝この世での幸せ）をもたらすとして、平安時代より貴族から庶民まで幅広い人々の信仰を集めました。多くの文学作品にも登場します。

出典
『宇治拾遺物語』〈巻一一ノ七〉
→『基礎知識ブック』P.28～29

9 「ぬ・ね」の識別をマスターする

得点源25 「ぬ・ね」の形になる語を覚えておく。

1 **完了の助動詞**「ぬ」の**終止形「ぬ」**と**命令形「ね」**。

2 **打消の助動詞**「ず」の**連体形「ぬ」**と**已然形「ね」**。

補足 活用形で区別することもできる。このほかにナ変動詞やナ行下二段動詞の活用語尾の場合もあるので注意。

得点源26 **接続**で見分ける。

1 **完了の助動詞**「ぬ」は**連用形**に接続する。
連用形＋「ぬ・ね」は完了の助動詞「ぬ」。

2 **打消の助動詞**「ず」は**未然形**に接続する。
未然形＋「ぬ・ね」は打消の助動詞「ず」。

補足 上一・上二段活用や下一・下二段活用するものは、未然形と連用形が同じ形なので、「ぬ・ね」の活用形で見分ける（得点源25）。

得点源25・26を例文で確認

1 連用形 終止形
皆、かへり**ぬ**。 ⇩完了
皆、帰って行った。

連用形 命令形
海に入り**ね**。 ⇩完了
海に入ってしまえ。

2 未然形 連体形
春の行方知ら**ぬ**も、 ⇩打消
春がどこまで過ぎたかを知らないのも、

未然形 已然形
この川飛鳥《あすか》川にあら**ね**ば、 ⇩打消
この川は飛鳥川ではないので、

例題

〈解説・解答は次ページ〉

「今年はいまだ郭公《ほととぎす》こそ聞かね。誰か聞きたる」と御尋ねあれば、御供に候ふ女房たちも、いまだ聞かぬ由《よし》申さる。「いづくに鳴くとだにいまだ承り及ばず。その所を定め、人数を分《わか》ちて、初音《はつね》の勝負をし侍らばや」と申し出だしたれば、「実《まこと》に興あるべきことなり。院の御方に申し合せて、定めん」とて、やがてあの御方へなりぬ。

（Aは「聞かね」の「ね」、Bは「聞かぬ」の「ぬ」、Cは「なりぬ」の「ぬ」に傍線）

問 ――線A～Cの文法上の意味として最も適当なものを(1)の中から、またその活用形として正しいものを(2)の中からそれぞれ選び、記号で答えよ。

(1) ア 過去　イ 打消　ウ 過去推量　エ 存続　オ 完了　カ 婉曲　キ 強意　ク 尊敬　ケ 推量　コ 当然

(2) ア 未然形　イ 連用形　ウ 終止形　エ 連体形　オ 已然形　カ 命令形

（法政大改）

▼例題でチェック！

チェック1 問題文の作者の祖父飛鳥井雅経《あすかいまさつね》は『新古今和歌集』の撰者の一人である。雅経以外の撰者を①の中から、また撰集の命を下した人物を②の中からそれぞれ一人選び、記号で答えよ。

① ア 源実朝　イ 和泉式部　ウ 藤原公任　エ 藤原定家　オ 西行

② ア 醍醐天皇　イ 白河上皇　ウ 鳥羽上皇　エ 後白河上皇　オ 後鳥羽上皇

例題　解説・解答

通釈　まずは全体の意味をつかもう

「今年は／いまだ／郭公《ほととぎす》こそ／聞かね。／誰か聞きたる」と／

「今年は／まだ／郭公の鳴く声を／聞いていない。／誰か聞いたか」と／

御尋ねあれば、／御供に候ふ女房たちも、／いまだ／聞かぬ由《よし》／

（東宮より）御尋ねがあったので、／御そばにお仕えしている女房たちも、／いまだ／聞いていない由を／

係助詞　A　結び　B　体言

申さる。／「いづくに／鳴くとだに／いまだ／承り及ばず。／

申し上げる。／「どこで／鳴くとさえ／まだ／お聞きしていない。／

その所を／定め、／人数を／分《わ》ちて、／初音《はつね》の勝負を／

その場所を／決め、／人数を／分けて、／どちらが先に初音を聞くかの勝負を／

し侍らばや」と／申し出だしたれば、／「実《まこと》に興あるべきことなり。／

したいものでございます」と／提案申し上げると、／（東宮は）「本当におもしろいに違いないことだ。／

院の御方に／申し合せて、／定めん」とて、／やがて／

院の御方にも／相談申し上げて、／決めよう」といって、／すぐに／

チェック1の解答

① エ

▼『新古今和歌集』の撰者は飛鳥井雅経（藤原雅経）と藤原定家のほかに、源通具《みなもとのみちとも》、藤原有家《ありいえ》、藤原家隆《いえたか》がいる。寂蓮《じゃくれん》もメンバーに入っていたが、完成前に亡くなった。

② オ

▼醍醐《だいご》天皇は『古今和歌集』の命を下した人物。白河上皇は『後拾遺《ごしゅうい》和歌集』と『金葉《きんよう》和歌集』を命じた。後白河上皇は『千載《せんざい》和歌集』の編纂《へんさん》を命じた。

あの御方へ／なりぬ。（C ← 文末）
あちらの御方に／お出ましになった。

解説

A　上に「こそ」があるのに注意する。**係り結び**で、この「ね」は**已然形**だとわかる。已然形が「ね」になるのは**打消の助動詞「ず」**（得点源25-2）。已然形「ね」は係り結びの結びになっていることが多いことを覚えておこう。また、直前の「聞か」は四段動詞の**未然形**なので、ここからも打消の助動詞「ず」だとわかる（得点源26-2）。

B　直後に「由」という**名詞（体言）がある**ので、この「ぬ」は**連体形**。連体形が「ぬ」になるのは**打消の助動詞「ず」**（得点源25-2）。Aと同じく、直前の「聞か」からも識別できる。

C　**文末にある**ので、**終止形**。終止形が「ぬ」になるのは**完了の助動詞「ぬ」**（得点源25-1）。また、直前の「なり」は四段動詞の**連用形**なので、ここからも完了の助動詞「ぬ」だとわかる（得点源26-1）。

解答

A　(1) イ　(2) オ
B　(1) イ　(2) エ
C　(1) オ　(2) ウ

プラスα　勅撰和歌集

勅撰和歌集とは、天皇や上皇の命令によって編集された歌集をいいます。全部で二十一の勅撰和歌集が編まれました。

最初に編纂《へんさん》されたのが『古今和歌集』（九〇五年成立）で、続いて『後撰《ごせん》和歌集』『拾遺《しゅうい》和歌集』『後拾遺和歌集』『金葉和歌集』『詞花《しか》和歌集』『千載和歌集』『新古今和歌集』が編まれました。この八つの勅撰集をまとめて「八代集」といいます。

また、『古今』『後撰』『拾遺』の三つを合わせて「三代集」といいます。

出典
『春のみやまぢ』
飛鳥井雅有《あすかいまさあり》の日記。一二八〇年に書かれた。

10 「なり」の識別をマスターする

得点源 27

「なり」の形になる単語を覚えておく。

1 断定の助動詞「なり」。

2 伝聞・推定の助動詞「なり」。

3 ラ行四段動詞「なる(成る)」の連用形。

4 形容動詞ナリ活用の連用形・終止形活用語尾。

得点源 28

「なり」の直前の語との接続で見分ける。

1 連体形・体言＋「なり」の場合は断定の助動詞。

副詞など、活用のしないものにもつく

2 終止形＋「なり」の場合は伝聞・推定の助動詞。

得点源 27 を例文で確認

1 よき風なり。
よい風である。 ← 断定

2 声して来《く》なり。
がやがや騒ぎながら来るようだ。 ← 伝聞・推定

3 塵《ちり》となり、
塵になって、

4 いとあはれなり。
とてもしみじみとした思いがする。

得点源 28 を例文で確認

1 この国になき物なり。 ← 体言
この国にはない物である。

2 静まりぬなり。 ← 終止形
寝静まったようだ。

得点源29 「なり」の直前の語が**四段動詞**の場合と**ラ変活用をする語**の場合は**意味**で見分ける。

四段動詞は終止形と連体形が同じ形、ラ変動詞とラ変型活用をする助動詞は伝聞・推定の助動詞「なり」でも連体形に接続するため接続では見分けがつかない。

1 音に関係し、「〜そうだ」「〜ようだ」という訳があてはまる場合は**伝聞・推定の助動詞「なり」**。

何かのできごとを聴覚でとらえている状態のこと

補足 「伝聞」は、人の話を耳で聞いて推測することなので、これにあてはまる。

2 直前の語が「あんなり」「なんなり」と**撥音便**になっている場合は**伝聞・推定の助動詞「なり」**。

文末や文中の語が「ん」に変化すること

補足 ただし、多くは撥音「ん」が表記されていない形（→「あなり」「ななり」など）になっているので注意。撥音がなくても考え方は同じ。

3 音に関係せず、「〜である」「〜にある」という訳があてはまる場合は**断定の助動詞「なり」**。

得点源29を例文で確認

1 **鴨ぞ鳴くなる**

四段動詞

鴨が鳴いているようだ。

耳で聞いている＝音に関係しているので、伝聞・推定の助動詞。

2 **この野は盗人《ぬすびと》あなり。**

撥音「ん」が省略されている

この野には盗人がいるそうだ。

直前の語が「あ（ん）」と撥音便になっているので、伝聞・推定の助動詞。

3 **わが上を思ふなりけりと思ふに、**

私のことを思っているのだなあと思うと、

音に関係していないので、断定の助動詞。

得点源30

ラ行四段動詞「なる」は意味で見分ける。

「〜になる」「〜となる」という訳になる場合はラ行四段動詞「なる」の連用形。

古文でも直前に「に」「と」が来る場合が多い

得点源31

断定の助動詞「なり」か形容動詞ナリ活用の活用語尾かは、意味と副詞「いと（＝たいそう）」の語をつけて見分ける。

「いと」でわかりにくければ、現代語の「たいそう」「とても」などをつけて見分けてもよい

1 状態や性質を言っている場合は形容動詞ナリ活用の活用語尾。
上に「いと」をつけても不自然な意味にならない。

2 物などについて断定している場合は断定の助動詞「なり」。
上に「いと」をつけると不自然な意味になる。

得点源30 を例文で確認

大納言になりけり。
「に」が来ている
大納言になった。

得点源31 を例文で確認

1 かたちは清げなり。
性質を表している
顔立ちはすっきりと美しい。
「いと」をつけてみると、いと清げなり＝たいそうすっきりと美しい
不自然な意味にならないので形容動詞ナリ活用の活用語尾。

2 桜なり。
断定している
桜である。
「いと」をつけてみると、いと桜なり＝たいそう桜である
不自然な意味になるので断定の助動詞「なり」。

例題

（解説・解答は次ページ）

建仁三年十二月二十日、北野宮寺に御幸ありて、競馬《くらべうま》十番ありけるに、五番めに、左、院の右の番長秦久清《ばんぢやうはたのひさきよ》、右に大将、下毛野敦文《しもつけのあつふみ》、番《つが》はせられにけり。久清は上手なり(A)。敦文は不堪《ふかん》の者なり(B)ければ、久清合手《あひて》を嫌ひて辞し申しけれども、かなはざりければ、心地あしく覚えながら、番ふべきになり(C)たりけるに、さてもなかなか（チェック1―①）不堪の仁に負けなば、なほ（チェック1―②）本意なかる（チェック1―③）べしと思ひけり。

注 競馬―馬を走らせて勝敗を争う競技。ここでは、「左」の「院」の側と「右」の「大将」の側の、二つに分かれて一騎ずつ組み合わせて行っている。
右の番長―御所の諸門を警護する武人の役職名。
不堪―技術が未熟なこと。

問 ――線A～Cの「なり」の文法的説明として最も適当なものを選び、記号で答えよ。

ア 断定の助動詞「なり」
イ 伝聞・推定の助動詞「なり」
ウ ラ行四段活用動詞「なる（成る）」の連用形
エ 形容動詞ナリ活用の活用語尾

▼例題でチェック！

チェック1 ----線①～③を現代語訳せよ。

① なかなか
② なほ
③ 本意なかる

例題　解説・解答

通釈　まずは全体の意味をつかもう

建仁三年十二月二十日、／北野宮寺に／御幸ありて、／競馬《くらべうま》／
建仁三年十二月二十日、／（後鳥羽院が）北野神社の神宮寺に／行幸されて、／競馬が／

十番ありけるに、／五番めに、／左、／院の右の番長《ばんぢやう》秦久清《はたのひさきよ》、／
十番行われたが、／五番めに、／左方は、／院側の右の番長秦久清と、／

右に／大将、／下毛野敦文《しもつけのあつふみ》、／番《つが》はせられにけり。／
右方に／大将側の、／下毛野敦文とが、／組み合わせられた。／

久清は／**上手**なり。／敦文は／不堪《ふかん》の**者**なりければ、／
（A 上手：状態を表す語）（B 者：体言）
久清は／（馬の扱いが）巧みである。／敦文は／技術が未熟な者であったので、／

久清／合手《あひて》を嫌ひて／辞し申しけれども、／かなはざりければ、／
久清は／相手にすることを嫌って／辞退し申しあげたけれども、／かなわなかったので、／

心地あしく／覚えながら、／番ふべき**になり**たりけるに、／
（C になり：「～になり」とそのまま訳せる）
不愉快に／思いながら、／戦わなければならないときになったところ、／

さても／なかなか（チェック1－①）／不堪の仁に／負けなば、／
それでも／かえって／技術のつたない者に／負けたならば、／

チェック1の解答

① かえって

▼「中途半端であるよりはかえってそうでないほうがよい」という意味をもつ。「なかなかなり」という形容動詞もある。現代語にもある語だが、使われ方が違うので注意する。

② いっそう

▼「やはり」という意味も重要。これも現代語にもある語だが、使われ方が違うので注意する。

③ 不本意である

▼「本意なかる」は形容詞「本意なし」の連体形。

チェック1-②　チェック1-③

なほ／本意なかるべしと／思ひけり。

いっそう／不本意にちがいないと／思った。

解説

A　直前に「上手」という言葉があり、体言＋「なり」で断定の助動詞かと思いやすい。しかし「いと上手なり」と、上に「いと」をつけても「とても上手である」と訳せ、**不自然さを感じない**ので(得点源31-①)、**形容動詞ナリ活用の活用語尾**。

B　直前に「者」という**体言**がある。上に「いと」をつけると訳が「とても者である」となり、**不自然な日本語になる**ので(得点源31-②)、形容動詞ナリ活用の活用語尾ではなく、**断定の助動詞**。

C　直前に「に」があり、「になり」が「〜になり」と**そのまま訳しても不自然ではない**ので(得点源30)、**ラ行四段活用動詞「なる(成る)」の連用形**。

解答

A　エ
B　ア
C　ウ

プラスα　左と右

問題文の競馬《くらべうま》や、歌合《うたあわせ》など、二組に分かれて何かを競うときは、「左方《ひだりかた》」と「右方《みぎかた》」に分かれます。多く、上位者や年長者のいる側が「左」になります。日本では左のほうが右よりも上位と考えられていました。

問題文では院(後鳥羽上皇)側と大将側に分かれて勝負をしているので、院側が「左」、大将側が「右」になっています。

出典

『古今著聞集』〈巻一〇ノ三六六〉

→『基礎知識ブック』P.28〜29

11 「に」の識別をマスターする

得点源32

「に」の形になる単語を覚えておく。

1 完了の助動詞「ぬ」の連用形。

2 断定の助動詞「なり」の連用形。

3 形容動詞ナリ活用の連用形活用語尾。

4 ナ変動詞「死ぬ・往《い》ぬ(去ぬ)」の連用形活用語尾。

5 格助詞「に」。

6 接続助詞「に」。

7 副詞の一部。

得点源33

完了の助動詞「ぬ」の連用形とナ変動詞の活用語尾は、直前の語で見分ける。

得点源32 を例文で確認

1 風吹きにけり。
風が吹いた。 ←完了

2 父にやあらむ。
父であろうか。 ←断定

3 きよらにておはしけり。
美しくていらっしゃった。

4 往にけり。
去った。

5 二日に、旅立つ。
二日に、旅立つ。

6 走り出でて見るに、なし。
走り出て見たが、いない。

7 すでに射落としてけり。
すでに射落としてしまった。

得点源33 を例文で確認

1 連用形＋「に」の場合は完了の助動詞「ぬ」の連用形。

2 死・往(去)＋「に」の場合はナ変動詞「死ぬ・往ぬ(去ぬ)」の連用形活用語尾。

「死・往(去)」が平仮名のときもあるので注意

得点源 34

断定の助動詞「なり」の連用形と格助詞「に」は、下の語と意味で決める。

断定の助動詞「なり」も格助詞「に」も連体形と体言に接続する。

1 「に＋○○＋あり」という形になっている場合は断定の助動詞「なり」の連用形。「～である」と訳すことができる。

補足 「○○」には係助詞などが入る。また、「あり」の代わりに「侍り」「候ふ」「おはす」など、「あり」の丁寧語や尊敬語などがくることもある。

2 あとに「あり」以外の語がくる場合は格助詞「に」。そのまま「～に」と訳すことができる。

補足 「に」のあとに「あり」や「侍り」がきても、断定の助動詞ではなく格助詞であることもあるので注意。

---

1 もとのやうになりにき。
動詞「なる」の連用形
元のようになったのだった。

2 人の国へいにけり。
ナ変動詞「往ぬ」の語幹
他国へ行ってしまった。

得点源 34 を例文で確認

1 京に思ふ人なきにしもあらず。
副助詞「しも」

「あり」

京の都に恋しく思う人がいないのであるというわけではない。

「～である」と訳せる。

2 駿河《するが》の国にいたりぬ。
「～に」と訳せる
駿河の国に着いた。

西の京に女、ありけり。

格助詞「に」

西の京に女が住んでいた。

あとに「あり」があっても断定の助動詞ではないことがあるので注意。

得点源35 格助詞「に」と接続助詞「に」の区別は訳して決める。

格助詞「に」と接続助詞「に」は、ともに連体形に接続する。

1 「〜ときに」「〜ところに」などと訳した方がよい場合は**格助詞「に」**。

2 「〜ので、〜ところ、〜のに」などと訳した方がよい場合は**接続助詞「に」**。

得点源36 副詞の一部か形容動詞ナリ活用の連用形活用語尾かを区別するには「に」を「なる」に置きかえてみる。

1 **形容動詞**の場合は「に」を「なる」に置きかえても**意味が通る**。

2 **副詞**の場合は「に」を「なる」に置きかえると**意味が通らない**。

補足 形容動詞ナリ活用の連用形「〜に」や副詞「〜に」は、体言＋「に」に見えるこ

得点源35 を例文で確認

1 月のおぼろなる**に**、小さき童《わらは》を先に立てて、人立てり。

（「〜ときに」と訳せる）

月がぼんやりと霞んでいるときに、小さい子どもの召し使いを先に立てて、人が立っていた。

2 涙のこぼるる**に**、目も見えず、ものも言はれず。

（「〜ので」と訳せる）

涙がこぼれるので、目も見えないし、ものも言うことができない。

得点源36 を例文で確認

1 あはれ**に**うしろめたけれ。

気の毒で気がかりだ。

あはれなるもの ← 意味が通る

2 つひ**に**上手の位にいたり

最後には名人の位に到り

つひなるもの ← 意味が通らない

とがある。「に」を外した部分が主語にできれば、体言＋「に」。できなければ形容動詞か副詞ということになる。

例題

（解説・解答は次ページ）

次の文章は、御荒《みあれ》の宣旨《せんじ》という女房のもとに、恋人の中納言が訪れて来なくなったあとの話である。よく読んで設問に答えよ。

絶え給ひて後、賀茂に参り給ふと聞きて、「今一度も見む」と思ひて、心にもあらぬ賀茂参りして、よそにても見るにＡ心はなぐさまで立ちこそまされ賀茂の川波とても、涙のみいとどこぼれまさりて、大方《おほかた》現《うつ》し心もなくぞおぼえける。蟬の鳴くを聞きて、

恋しさを忍びもあへぬうつせみの現し心もなくなりにＢけり

問 ――線Ａ・Ｂ「に」の文法的説明として最も適当なものを、次の中から選び、記号で答えよ。

ア　完了の助動詞　　イ　受身の助動詞　　ウ　断定の助動詞
エ　接続助詞　　オ　形容動詞の活用語尾
カ　動詞の活用語尾　　キ　副詞の一部

（弘前大〔改〕）

▼例題でチェック！

チェック１ ――線「ぬ」を、例にならって文法的に説明せよ。

例　人もありかねば…打消の助動詞「ず」の已然形

チェック２ ――線①・②の意味を答えよ。

①　大方
②　現し心

例題 解説・解答

通釈 まずは全体の意味をつかもう

絶え給ひて後、／賀茂に参り給ふと／聞きて、／

（宣旨のもとに中納言が）通わなくなられて後、／（中納言が）賀茂にお参りになると／聞いて、／

「今一度も見む」と／思ひて、／心にもあら（未然形）ぬ（チェック1）／賀茂参りして、／

「今一度、お会いしたい」と／思って、／信仰心からではない／賀茂参りをして、／

よそにても見る（A 連体形か終止形）に心はなぐさまで立ちこそまされ賀茂の川波

遠くから見たのに心はなぐさめられない、賀茂の川波と同じでますます気持ちが波立ちます

とても、／涙のみ／いとど／こぼれまさりて、／

と歌を詠んでも、／涙ばかりが／いっそう／ますますこぼれてきて、／

大方《おほかた》（チェック2-①）／現《うつ》し心（チェック2-②）もなく（否定語）ぞおぼえける。／蟬の鳴くを／聞きて、／

まったく／正気ではなく思われた。／蟬が鳴くのを／聞いて、／

恋しさを忍びもあへぬうつせみの現し心もなくなり（B 連用形）にけり

恋しさをおさえきれなくて、鳴きさわぐ蟬のように私も正気がなくなってしまったなあ

チェック1 の解答

打消の助動詞「ず」の連体形

▼直前の「あら」は動詞「あり」の未然形。未然形に接続する「ぬ」は打消の助動詞「ず」の連体形である（P.40 **得点源26-2**）。

チェック2 の解答

① まったく

▼現代語と同じく「大部分」という意味もあるが、否定語と組み合わさったときは「まったく（〜ない）」という意味になる。現代語では使われない用法なので注意する。

② 正気

▼形容詞「現《うつ》し」で「現実のこと・正気だ」という意味がある。「現し」の「心」なので「正気」となる。関連語に「現《うつつ》（＝現実）」もある。読み方も覚えておく。

解説

A 直前の「見る」は**連体形**か**終止形**なので、完了の助動詞ではない（得点源33-[1]）。また「に」の後ろに「あり」がないので断定の助動詞でもない（得点源34-[1]）。「遠くから姿を見た**のに**」という意味になっているので（得点源35-[2]）、**接続助詞**ということになる。

B 直前の「なり」が**連用形**なので、**完了の助動詞**（得点源33-[1]）。

解答

A エ

B ア

出典

『**古本説話集**』〈御荒宣旨が歌の事〉

説話集。作者・成立年代ともに不明で、平安時代末期頃に成立したといわれている。書名も仮につけられたもので、正式なものは不明。

12 「なむ」の識別をマスターする

得点源37 「なむ」の形になる単語を覚えておく。

1 **係助詞**「なむ」。 ← 強意を表す

2 **終助詞**「なむ」。 ← 他への願望を表す

3 **完了の助動詞**「ぬ」の**未然形**「な」＋**推量の助動詞**「む」の**終止形・連体形**「む」。

補足 「む」が推量の助動詞「むず」の一部「む」の場合もあるので注意。

4 **ナ変活用動詞**「死ぬ・往《い》ぬ（去ぬ）」の**未然形活用語尾**「な」＋**推量の助動詞**「む」の**終止形・連体形**「む」。

補足 「む」が推量の助動詞「むず」の一部「む」の場合もあるので注意。

5 **動詞**「いとなむ（営む）」などの一部。

得点源38 「なむ」の**直前の語との接続**で見分ける。

得点源37を例文で確認

1 月**なむ**見ゆる。
月が見える。

2 みゆき待た**なむ**
天皇のお出かけを待ってほしい

3 十日はあり**なむ**。
十日はあるだろう。

4 「都へ往**なむ**」と言ふ。
「都へ行こう」と言う。

5 いみじくいと**なむ**なり。
並一通りでなく準備をしているそうだ。

得点源38を例文で確認

1 **連体形・体言**＋「なむ」の場合は**係助詞**。

助詞や副詞といった活用しないものにもつく

2 **未然形**＋「なむ」の場合は**終助詞**。

3 **連用形**＋「なむ」の場合は**完了の助動詞**「ぬ」の**未然形**「な」＋**推量の助動詞**「む（むず）」。

4 「**し（死）・い（往・去）**」の語についている場合は、**ナ変動詞「死ぬ・往ぬ（去ぬ）」の未然形活用語尾**「な」＋**推量の助動詞**「む」の**終止形・連体形**「む」。

得点源39

「なむ」の直前の語の未然形と連用形が同じ形である場合は意味で見分ける。

上一段・上二段・下一段・下二段動詞や下二段型活用の助動詞が該当する。

1 「〜してほしい」と、自分以外のものへの願望という意味になる場合は**終助詞**「なむ」。

---

1 もと光る竹**なむ**一筋ありける。（体言）

根元が光っている竹が一本あった。

2 梅咲か**なむ**。（未然形）

梅が咲いてほしい。

3 会はであり**なむ**と思ふ人の（連用形）

会わないでおこうと思う人が

4 とく往**なむ**と思ふに（「往ぬ」の未然形）

早く立ち去ろうと思うのに

得点源39を例文で確認

1 さやかに見ゆべくもあらず。また、月さし出で**なむ**と思すほどに、（「さし出で」は下二段活用動詞）

（暗くて）はっきり見ることができない。また、月が出てほしいと思っていらっしゃると、

「月が出るだろう」では意味がつながらない。

2 「〜だろう」「〜しよう」といった推量の助動詞「む」の意味があてはまる場合は**完了の助動詞「ぬ」の未然形「な」＋推量の助動詞「む（むず）」**。

補足 完了の助動詞「ぬ」の未然形「な」の意味は強意なので、「きっと〜」と訳す場合もあるが、特に訳さなくても問題がない。

得点源40

係助詞「なむ」は、「取れる」と「結び」で見分ける。

係助詞「なむ」は、**取っても文の意味が変わらない**。また、**結びが連体形になる**。

補足 「なむ」は、文を強調する役目はあるが、文の意味を変えるわけではない。

例題 （解説・解答は60ページ）

次の文章は、二人めの妻を自分の家に連れてくることになった男が、家にいる最初の妻にその話をする場面である。よく読んで設問に答えよ。

「心ざしばかりは変はらねど、親にも知らせで、かやうにまかりそめて〈き〉ば、いとほしさに通ひ侍るを、つらしとおぼすらむかしと

（チェック1-①）（チェック2-①）

2 我が身独りは出で**なむ**と思ひて

私一人だけ出て行こうと思って

「私一人だけ出てほしい」では意味がつながらない。

得点源40 を例文で確認

もと光る竹**なむ**一筋あり**ける**。

根元が光っている竹が一本あった。

取っても意味は変わらない

連体形

「なむ」は特に訳さない

▼例題でチェック！

チェック1

線①・②の〈き〉を、適当な形にせよ。

思へば、何とせ〈き〉（チェック1－②）わざぞと、今なむ悔しければ。今もえかき絶ゆまじくなむ（A）。かしこに、『土犯すべきを、ここに渡せ』となむ（B）言ふ（チェック2－②）を、いかがおぼす。ほかへや往なむ（C）とおぼす。何かは苦しからむ、かくながら端つかたにおはせよかし。忍びてたちまちに、いづちかはおはせむ」

注 土犯す——陰陽道《おんみょうどう》で、工事をしてはいけないとされる方角や場所を、やむを得ずに工事をすること。その場合には、住むところを一時的に変える「方違え」が必要になる。

問 ——線A～C「なむ」は次のどれか、適当なものを選び、記号で答えよ。

ア 係助詞「なむ」
イ 終助詞「なむ」
ウ 完了の助動詞「ぬ」の未然形「な」＋推量の助動詞「む」の終止形・連体形「む」
エ ナ変動詞「死ぬ・往ぬ（去ぬ）」の未然形活用語尾「な」＋推量の助動詞「む」の終止形・連体形「む」
オ 動詞の一部

チェック2

……線①・②の主語を次の中から選び、記号で答えよ。

① おぼす
② 言ふ

ア 男
イ 一人目の妻
ウ 二人目の妻の親

例題　解説・解答

通釈　まずは全体の意味をつかもう

「心ざしばかりは／変はらねど、／親にも知らせで、／
「(あなたへの)愛情だけは／変わらないけれど、／親にも知らせないで、／

かやうに／まかりそめて〈き〉ば、／いとほしさに／通ひ侍るを、／
チェック1-①
(新しい妻に)このように／通いはじめたので、／気の毒に思って／通っておりますが、／

つらしと／おぼすらむかしと／思へば、／何とせ〈き〉わざぞと、／
チェック2-①　チェック1-②　体言
(あなたが)つらいと／思っていらっしゃると／思うので、／何ということをしたのかと、／

今なむ悔しければ。／今も／えかき絶ゆまじくなむ。／かしこに、／
結びの省略　A
今は後悔しているので。／今も／完全に関係を断てそうもなく。／むこうで、／

『土犯すべきを、ここに渡せ』と／なむ言ふを、／いかがおぼす。／
B　係助詞→結び　チェック2-②
『土を犯す予定なので、こちらに移らせろ』と／いうけれど、／どうお思いになるか。／

ほかへや往なむと／おぼす。／何かは苦しからむ、／
C　ナ変動詞「往ぬ」の語幹
ほかへ行こうと／お思いになるか。／何の心苦しいことがあろうか、いやない。／

かくながら／端つかたに／おはせよかし。／忍びて／
このまま／端の方に／いらっしゃってくださいよ。／こっそりと／

チェック1 の解答

① しか

▼直後にある接続助詞「ば」に注目。「ば」の上は未然形か已然形がくる。未然形ならば仮定条件になるが、「このように通いはじめたので」という理由になっているので、この「き」は已然形にする。

② し

▼直後が「わざ」という体言なので、連体形「し」にする。

チェック2 の解答

① イ

▼尊敬語が用いられているので、自分の動作ではない(P.12**得点源6**)。主語が書かれていないのにわかるのは、今話している相手が主語だからである。

② ウ

▼前に「かしこに(＝むこうで)」とあるところから、男や一人目の妻ではないことがわかる。

たちまちに、／いづちかはおはせむ」
急に／どこかへいらっしゃるのでしょうか」

解説

A 「なむ」を取っても**意味が変わらない**ので（得点源40）、**係助詞**。結びは省略されている。直前の語「まじく」が助動詞「まじ」の連用形なので、それに続く「な」が完了の助動詞「ぬ」である（得点源38-3）かと思いがちだが、その場合はカリ活用の「まじかり」につくので「まじかりなむ」となる。

B 直前の語が「と」という**格助詞**であること（得点源38-1）と「なむ」を取っても**意味が変わらない**こと（得点源40）から**係助詞**とわかる。

C 直前に**「往」**があるので、ナ変動詞「往ぬ」の**未然形活用語尾「な」**＋**推量の助動詞「む」の終止形・連体形**とわかる（得点源38-4）。

解答

A ア
B ア
C エ

プラスα 陰陽道

問題文の注にある陰陽道《おんみょうどう》とは、天文や方位などから吉凶を占うものです。平安時代には、国の政策から人々の日常生活まで広く浸透し、厄災を避けるためのさまざまな決まり事が生まれました。その代表的なものが「方違え《かたたがえ》」と「物《もの》忌《い》み」です。

「方違え」は外出する際にその行き先が禁忌の方角にある場合、前夜に別の場所に移り、方角を変えて目的地に向かうことです。「物忌み」はその日が凶日にあたる場合、人に会わず家に籠もって災いを避けます。

出典

『堤中納言物語』〈はいずみ〉
平安時代後期に書かれた短編物語集。「虫愛づる姫君」など十編の物語が載る。

13 尊敬語をおさえる

得点源41 尊敬語とは何かをおさえる。

敬語には、**尊敬語**・**謙譲語**・**丁寧語**の三種類がある。**尊敬語は動作をする人物への敬意を表す語。**

得点源42 頻出の尊敬動詞を覚える。

頻出の尊敬動詞	現代語訳	普通の語
おはす おはします	いらっしゃる	あり・居《を》り 行く・来《く》
給ふ(四段) 給《た》ぶ・給はす	お与えになる くださる	与ふ
仰《おほ》す・のたまふ のたまはす	おっしゃる	言ふ
聞こす・聞こし召す	お聞きになる	聞く

得点源42 を例文で確認

「くらもちの皇子《みこ》**おはしたり**」と告ぐ。

「くらもちの皇子がいらっしゃった」と告げる。

「来」の尊敬語

惟喬《これたか》の親王《みこ》、例の狩しに**おはします**供に、

惟喬の親王が、いつものように狩をしにいらっしゃるお供に、

「行く」の尊敬語

使ひに禄**たまへりけり**。

(大臣は)使者に褒美をお与えになった。

「与ふ」の尊敬語

入道殿《にうだうどの》、着背長《きせなが》**召され**候《さうら》ふ。

入道殿は、大鎧をお召しになっています。

「着る」の尊敬語

人々みな御舟に**召す**。

人々は皆お船にお乗りになる。

「乗る」の尊敬語

思《おぼ》す・思し召す	お思いになる	思ふ
召す	お呼びになる お召しになる お乗りになる 召し上がる	呼ぶ 着る 乗る 食ふ・飲む

得点源43

入試で狙われやすい尊敬動詞を覚える。

狙われやすい尊敬動詞	現代語訳	普通の語
しろしめす	お知りになる お治めになる	知る 領《し》る・治む
あそばす	なさる	す
御覧ず	御覧になる	見る
奉《たてまつ》る	お召しになる お乗りになる 召し上がる	着る 乗る 食ふ・飲む
参る・聞こし召す	召し上がる	食ふ・飲む
います・まします いますかり	いらっしゃる	あり・居り
思ほす	お思いになる	思ふ
大殿《おほとの》ごもる	お休みになる	寝《ぬ》

得点源43を例文で確認

さる者ありとは鎌倉殿までもしろしめされ**たるらんぞ。**

そういう者がいるとは鎌倉殿（＝源頼朝）までもお知りになっているだろうよ。

「知る」の尊敬語

天皇《すべらぎ》の、天《あめ》の下しろしめす**こと、**

天皇が、天下をお治めになること、

「治む」の尊敬語

壺なる御薬たてまつれ**。**

壺に入っているお薬を召し上がり下さい。

「食ふ・飲む」の尊敬語

「奉る」は主として謙譲語で用いられる（P.68〜69 得点源47・48）。尊敬語で用いられることは少ないが、入試では狙われやすい。

酒などまゐり**、酔《ゑ》ひて、**

酒などを召し上がって、よっぱらって、

「食ふ・飲む」の尊敬語

「参る」は主として謙譲語で用いられる（P.68〜69 得点源47・48）。尊敬語で用いられることは少ないが、入試では狙われやすい。

得点源44 尊敬語をつくる補助動詞を覚える。

おもな補助動詞	現代語訳
給ふ(四段)・おはす おはします	お〜になる・〜なさる 〜していらっしゃる

補足 補助動詞とは、本来の意味を失って、上の語を補足したり、意味を加えたりする働きをする動詞。補助動詞と区別するために動詞を「本動詞」ともいう。

得点源45 二重尊敬を覚える。

二重尊敬とは、尊敬語を二つ重ねて高い敬意を示す用法。地の文では天皇や皇后などの動作にだけに用いられる。

「最高敬語」とも言われる

会話文では、それなりに身分が高ければ用いられることもある。

1 尊敬の助動詞「す・さす・しむ」+尊敬の補助動詞「給ふ」
「せ給ふ」「させ給ふ」「しめ給ふ」といった形になる。

2 尊敬動詞+尊敬の助動詞「る・らる」
「仰《おほ》せらる」「思《おぼ》さる」といった形になる。

「る・らる」についてはP.16得点源9-1参照

得点源44を例文で確認

聞き給ふ
お聞きになる

補助動詞。上の「聞く」という動詞について敬意を示すだけの働きしかない

得点源45を例文で確認

1 いみじう驚かせたまふ。
たいそう驚きあそばされる。

2 (帝《みかど》が)「草子に歌一つ書け」と殿上人《てんじやうびと》に仰せられければ、
「この草子に歌を一つ書け」と殿上人にお命じになったので、

3 尊敬動詞＋尊敬の補助動詞

「仰せ給ふ」といった形になる。

尊敬の動詞「おほす」の連用形＋尊敬の補助動詞「たまふ」

例題　（解説・解答は次ページ）

次の文章は『大鏡』の一節で、昇進で弟に先を越された藤原誠信《さねのぶ》が恨みを抱く箇所である。よく読んで設問に答えよ。

除目《ぢもく》のあしたより、手を強く握りて、「斉信《ただのぶ》・道長に我ははばまれぬるぞ」と言ひ入りて、物もつゆ参らで、うつ臥《ふ》しうつ臥し給へるほどに、病《やまひ》づきて、七日といふに失せ給ひにしは。握り給ひたりける指《および》は、あまり強くて、上にこそ通りて出でて侍りけり。

（チェック1：あした　チェック2：けり）

注　除目―諸官職を任命する儀式。
斉信―誠信の弟。
道長―藤原道長。斉信を昇進させた。
我ははばまれぬるぞ―私はだまされたのだ。

問　――線「物もつゆ参らで」を現代語訳せよ。

（白百合女子大改）

▼例題でチェック！

チェック1　----線「あした」を現代語訳せよ。

チェック2　----線「けり」を正しい形に直せ。

例題 解説・解答

通釈 まずは全体の意味をつかもう

除目《ぢもく》のあした（チェック1）より、／手を強く握りて、／

除目の翌朝から、／手を強く握って、／

「斉信《ただのぶ》・道長に／我はばまれぬるぞ」と／言ひ入りて、／

「斉信・道長に／私はだまされたのだ」と／言い続けて、／

物もつゆ参らで、／うつ臥《ふ》しうつ臥し給へるほどに、／

（参ら：「食ふ」の尊敬語　給へ：尊敬の補助動詞）

物も少しも召し上がらないで、／うつ伏し続けていらっしゃったうちに、／

病《やまひ》づきて、／七日といふに／失せ給ひにしは。／

（給ひ：尊敬の補助動詞）

病気になって、／七日目に／お亡くなりになってしまいましたよ。／

握り給ひたりける指《および》は、／あまり強くて、／

（給ひ：尊敬の補助動詞）

握りしめていらっしゃった指は、／あまりに（握る力が）強くて、／

上にこそ通りて出でて侍りけり（チェック2）。

（こそ：係助詞 → けり：結び）

手の甲を突き抜けていたということです。

チェック1 の解答

翌朝

▼現代語の「明日」とは意味が違うので注意。

チェック2 の解答

けれ

▼前の部分に「上にこそ」と係助詞「こそ」があるので、結びは已然形にする。

解説

「参る」は**「食ふ」の尊敬語**。**「召し上がる」**と訳す（得点源43）。謙譲語ではないので注意する。「つゆ」は**打消の語を伴って**「少しも・まったく」という意味をもつ。「で」は**打消の接続助詞**。活用語の**未然形に接続**して「〜ないで」と訳す。

解答

物も少しも召し上がらないで

「食事」などとしてもよい

プラスα　除目

「除目」とは、問題文の注にもあるように、さまざまな官職を任命する儀式のことです。「前任者を除き、新任者を任じて目録に記す」という意味からきています。

春と秋の二度行われ、春はおもに地方官を任命することから「県召《あがため》し」といい、秋はおもに中央官を任命することから「司召《つかさめ》し」といいます。

出典

『**大鏡**』

→『基礎知識ブック』P.26〜27

14 謙譲語と丁寧語をおさえる

得点源46 謙譲語、丁寧語とは何かをおさえる。

謙譲語は**動作を受ける人への敬意を表す語**で、丁寧語は丁寧な言い方をして、**読み手や聞き手に敬意を表す語**。

得点源47 おもな謙譲動詞を覚える。

おもな謙譲動詞	現代語訳	普通の語
侍《はべ》り・候《さぶら》ふ（候《さうら》ふ）	お仕えする おそばに控える	仕ふ
参る・まうづ	参上する	行く・来《く》
まかる・まかづ	退出する	行く
奉《たてまつ》る・参らす・参る	差し上げる	与ふ
賜《たまは》る	いただく	受く

得点源47を例文で確認

故宮に**さぶらひ**し小舎人童《こどねりわらは》なりけり。
亡き宮様にお仕えしていた小舎人童であった。

わが家は内裏より**まゐりまかづる**道にしもあれば、
我が家は宮中へ参上するのも（宮中から）退出するのも道筋にあるので、

禄ども品々に**賜り**給ふ。
褒美を身分に応じていただきなさる。

つかまつる つかうまつる	し申し上げる	す
申す・聞こゆ 聞こえさす	申し上げる	言ふ
奏す	(天皇に)申し上げる	
啓す	(中宮・東宮に)申し上げる	
承る	お聞きする	聞く
存ず	存じる	思ふ・知る

得点源48

謙譲語をつくる補助動詞を覚える。

おもな補助動詞	現代語訳
奉る・申す・聞こゆ つかうまつる 参らす・聞こえさす	~し申し上げる お~する ~して差し上げる ~いたす
給ふ(下二段)	~ております・~ます

今夜《こよひ》は御宿直《とのゐ》つかまつりて、
今夜は宿直をし申し上げて、

御物語など聞こえ給ひて、
お話などを申し上げなさって、
本動詞

得点源48 を例文で確認

竹の中より見つけきこえたりしかど、
竹の中から見つけ申し上げたけれども、
補助動詞

申さむと思ひたまふるやうは、
申し上げようと思っておりますことは、
下二段活用

得点源49 頻出の**絶対敬語**を覚える。

天皇などに限定して用いられる敬語を**絶対敬語**という。

1 **「奏す」**は**天皇・上皇**に対してのみ使われる。

2 **「啓す」**は**皇后・中宮・皇太子**に対してのみ使われる。ともに訳語は「**申し上げる**」。

補足 「行幸《ぎやうがう》」「御幸《ごかう》」も、尊敬語の絶対敬語（P.33「プラスα」）。

得点源50 丁寧語は「侍《はべ》り・候《さぶら》ふ（候《さう》ふ）」のみ。

丁寧語は、本動詞も補助動詞も**「侍り・候ふ」**のみ。

丁寧動詞	現代語訳	普通の語
侍り・候ふ	あります ございます	あり

補助動詞	現代語訳
侍り・候ふ	～です・～ます ～ございます

得点源49 を例文で確認

1 うちうちに思ひたまふるさまを**奏し**たまへ。

ひそかに思い申し上げていることを（天皇に）申し上げなさって下さい。

2 御前《おまへ》にまゐりて、ありつるやう**啓すれ**ば、

（中宮の）御前に参上して、先ほどあったことを申し上げると、

得点源50 を例文で確認

娘ただ一人**はべり**し。うせてこの十余年にやなり**はべり**ぬらん。

娘がただひとりございました。亡くなって十年余りになりますでしょうか。

初めの「はべり」は本動詞、後の「はべり」は補助動詞。

例題

（解説・解答は次ページ）

次の文章は『宇治拾遺物語』の一節で、聖《ひじり》の鉢を、喜捨《きしゃ》の品を入れずに倉に放り込んでいたら、倉ごと聖のもとに飛び去ってしまったので、倉主が聖のもとに行き、倉の返却をお願いしている箇所である。よく読んで設問に答えよ。

この倉主、聖のもとに寄りて申すやう、「かかるあさましきこと（チェック1）なん候ふ。この鉢の常にまうで来れば物入れつつ参らするを、けふ紛らはしく候ひつるほどに、倉にうち置きて忘れて取りも出ださで錠をさして候ひければ、この倉ただゆるぎにゆるぎて、ここになん飛びてまうで来て落ちて候ふ。この倉返し給ひ候はん」

問 ――線「物入れつつ参らするを」の現代語訳として最も適当なものを次の中から一つ選び、記号で答えよ。

ア 何か物を入れては差し上げていますのに
イ 何か物を入れて召し上がっていますのに
ウ 何か物を入れながら参上なさいますのに
エ 何か物をお入れしながら伺わせますのに
オ 何か物をお入れ申し上げなさいますのに

（関西学院大 改）

▼ 例題でチェック！

チェック1
……線「あさましき」の意味として最も適当なものを次の中から選び、記号で答えよ。

ア 呆れ果てた
イ あさはかな
ウ ちょっとした
エ 不吉な
オ 欲深い

例題　解説・解答

通釈　まずは全体の意味をつかもう

この倉主、／聖のもとに寄りて／申すやう、／「かかる／

申す：謙譲語

この倉の持ち主が、／聖のそばに寄って行って／申し上げることには、／「このように／

チェック1

あさましきことなん候ふ。／この鉢の／常にまうで来れば／

候ふ：丁寧語　まうで：謙譲語

呆れ果てたことがございます。／この鉢が／常に参りますので／

物入れつつ／参らするを、／けふ／紛らはしく候ひつるほどに、／

参らする：「与ふ」の謙譲語　候ひ：丁寧の補助動詞

何か物を入れては／差し上げていますのに、／今日は／忙しさに紛れておりますうちに（鉢が来ましたので）、／

倉にうち置きて／忘れて／取りも出ださで／錠をさして候ひければ、／

候ひ：丁寧の補助動詞

倉に置きっぱなしにして／忘れて／取り出さないで／錠をさしておりましたところ、／

この倉／ただゆるぎにゆるぎて、／ここになん／飛びてまうで来て／

まうで：謙譲語

この倉が／ひたすら揺れに揺れて、／ここに／飛んで参って来て／

チェック1 の解答

ア

▼「あさましき」は形容詞「あさまし」の連体形。「あさまし」にはイ・ウ・エ・オのような意味はない。また、もともとは良い場合・悪い場合両方の意味で使ったので注意する。

落ちて 候ふ。／この倉／返し 給ひ 候はん」

（候ふ：丁寧の補助動詞／給ひ：尊敬の補助動詞／候はん：丁寧の補助動詞）

落ちました。／この倉を／お返しくださいませんか」

解説

「参らする」は**謙譲語「参らす」**の連体形。**「差し上げる」**と訳す（得点源47）。「つつ」は接続助詞で、**動作・作用の反復を表す**ことを覚えておく。「〜しては」と訳す。「を」は接続助詞で、ここでは**逆接**を表している。

解答

ア

プラスα 聖

「聖《ひじり》」とは、人徳の優れている人のことで、仏教の場合は、厳しい修行をして、高い徳を得た僧のことをいいます。問題文のように、不思議な力をもつ存在として書かれることもあります。

同じように、徳の高い僧をいう語としては「上人《しやうにん》」などがあります。

出典

『宇治拾遺物語』〈巻八ノ三〉

→『基礎知識ブック』P.28〜29

15 敬意の方向（誰から誰へ）をおさえる

得点源51

敬語で表されている動作をしている人と動作の受け手を確認する。

補足　古文では「誰が」や「誰に」といった、その動作をしている人や動作の受け手を表す語が省略されている場合が多い。それぞれの場面での人物関係などを整理して、把握しておく必要がある。

得点源52

「誰から」は敬語を使った人から。

1 **地の文**では、敬意は**書き手（筆者）**から、となる。

文を書いている人がその敬語を使おうと考えたので

2 **会話文**では、敬意は**話し手**から、**手紙文**では、敬意は**手紙の書き手**から、となる。

話をしている人や手紙を書いている人が敬語を使おうと考えたので

1の筆者とは違うので注意

得点源52 を例文で確認

「さらば、延《の》べさせたまへ」と仰せられて

会話文なので敬意は話し手からとなる

地の文なので敬意は筆者からとなる

「それならば、（勝負を）お延ばしなさい」とおっしゃって

得点源53 「誰へ（敬意の対象）」は敬語の種類で変わる。

1 **尊敬語**が使われていたら、**敬意の対象**は**その動作をしている人**。

補足 その人の動作に尊敬語を用いて敬意を表す。

2 **謙譲語**が使われていたら、**敬意の対象**は**その動作の受け手**。

補足 ある人の動作に謙譲語を用いてその動作の受け手への敬意を表す。

3 **丁寧語**が使われていたら、**敬意の対象**は**読み手・聞き手**。

補足 地の文なら読み手。会話文なら聞き手。

敬語の種類	敬意の方向（誰から）地の文	敬意の方向（誰から）会話文・手紙文	敬意の方向（誰へ）
尊敬語	書き手（筆者）	話し手 書き手	動作をしている人
謙譲語			動作の受け手
丁寧語			聞き手・読み手

得点源52・53を図で確認

地の文

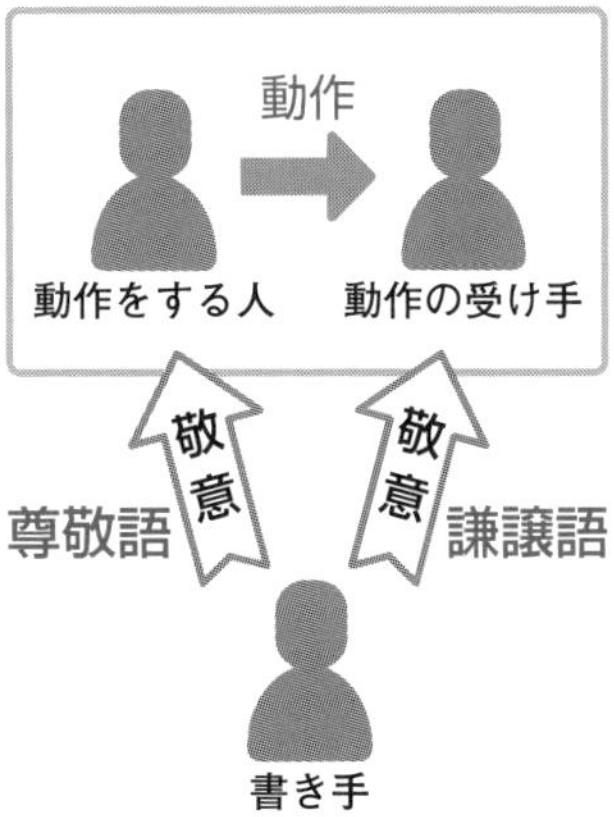

会話文

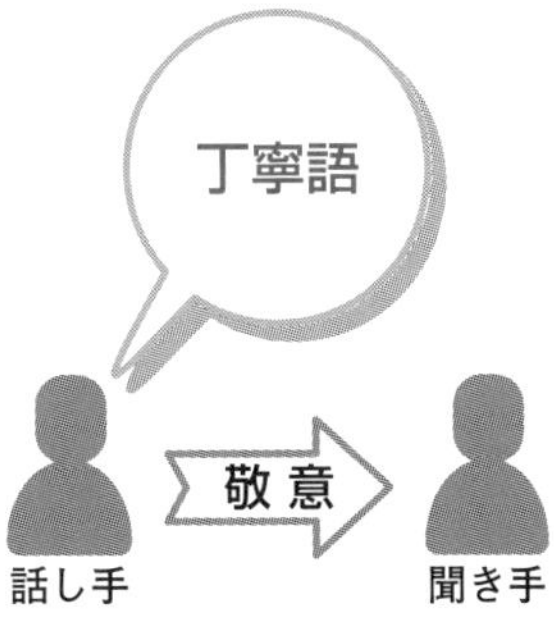

得点源54

敬意が二方向へ向かうことがある。

書き手が、動作をしている人にも動作の受け手にも敬意を表したい場合は、**謙譲語＋尊敬語**という形をとる。
謙譲語は**動作の受け手**に対する**敬意**を表す。
尊敬語は**動作をしている人**に対する**敬意**を表す。

例題

（解説・解答は78ページ）

身よりもなく貧しい女が地方の裕福な男と結婚し、数年後、夫婦で京に上る。夫に「京に身内はいるか」と聞かれた女（＝「この人」）は「姉が居る」と嘘をついたため、取りつくろおうと、ある家を訪ねる場面である。よく読んで設問に答えよ。

四十ばかりなる女房、いたく思ひくたすべくもなき、妻戸に出でて、「誰にかおはする（チェック1－①）」と言ふ。この人、「申す（チェック1－②）につけて憚《はばか》り多く侍れど、この二三年田舎に侍りつるが、夫のまかり上りて侍るが、『親しき者やある。そこに泊まらん』と申し侍るなり。これを姉にておはする所と申さんは、いかが侍るべき」と言ひけり。この主、「さらに憚り

得点源54を例文で確認

中納言、大納言に**申し給ふ**。（申し：謙譲語／給ふ：尊敬語）
中納言が、大納言に申し上げなさる。
「申し」→書き手から大納言への敬意を表す。
「給ふ」→書き手から中納言への敬意を表す。
よく中納言から大納言への敬意としてしまう人がいるので要注意

▼ **例題でチェック！**

チェック1
線①「おはする」②「申す」の敬語の種類は何か。最も適当なものを次の中から選び、記号で答えよ。

ア 尊敬語
イ 謙譲語
ウ 丁寧語

なし。とくそのよしを聞こえ給へ」と言ひつ。

問 ――線は誰に対する敬意を示すか。最も適当なものを次の中から選び、記号で答えよ。

ア 「聞こえ」が女、「給へ」が夫への敬意。
イ 「聞こえ」が夫、「給へ」が女への敬意。
ウ 「聞こえ」・「給へ」ともに女への敬意。
エ 「聞こえ」・「給へ」ともに夫への敬意。

（日本大改）

例題 解説・解答

通釈 まずは全体の意味をつかもう

四十ばかりなる女房、／いたく／思ひくたすべくもなき、／
四十歳ばかりの女性で、／ひどく／見下すようなところもない人が、／

妻戸に出でて、／「誰にか おはする」と／言ふ。／この人、／
（係助詞 → 結び　チェック1-①）
妻戸に出てきて、／「誰がいらっしゃるのですか」と／言う。／この人は、／

「申すにつけて／憚《はばか》り多く侍れど、／この二三年／
（チェック1-②）
「申し上げるにつけても／支障が多いことではありますが、／この二、三年／

田舎に侍りつるが、／夫の／まかり上りて侍るが、／
田舎におりましたが、／夫が／上京しておりますが、／

『親しき者やある。／そこに泊まらん』と／申し侍るなり。／
『親しい人はいるか。／そこに泊まろう』と／申します。／

これを／姉にておはする所と／申さんは、／いかが侍るべき」と／
この家を／姉がいらっしゃる所と／申し上げようとするのは、／どうでしょうか」と／

言ひけり。／この主、／「さらに憚りなし。／とく／そのよしを／
言った。／この家の主は、／「まったく支障はない。／急いで／そのことを／

チェック1 の解答

① ア

▼「おはする」は尊敬語「おはす」の連体形で「あり・行く」などの尊敬語。「いらっしゃる」と訳す。ここでは「誰にか」の「か」と係り結びになっている。

② イ

▼「申す」は「言ふ」の謙譲語。「申し上げる」と訳す。

聞こえ（謙譲語）給へ（尊敬語）」と／言ひつ。
（あなたの夫に）申し上げなさいませ」と／言った。

解説

「聞こゆ」は「言ふ」の**謙譲語**。ここでは女が夫に言うので、**動作の受け手である夫に対しての敬意**となる（得点源53-2）。「給へ」は尊敬の補助動詞「給ふ」の命令形。**尊敬語**なので「聞こゆ」という**動作をする人＝女に対しての敬意**になる（得点源53-1）。

解答

イ

プラスα　妻戸

「妻戸《つまど》」とは両開きの扉で、外側に開きます。平安貴族の住宅様式である寝殿造《しんでんづく》りの四隅に取りつけられました。

同じく扉には、「遣《や》り戸《ど》」というものもあります。こちらは左右に開閉する扉です。

出典

『閑居友』
一二二二年成立の仏教説話集。

16 紛らわしい敬語の見分け方をおさえる

得点源55 活用で二種類の「給ふ」を見分ける。

1 尊敬語「給ふ」は**ハ行四段活用**。
は・ひ・ふ・ふ・へ・へ　と活用する。

2 謙譲語「給ふ」は**ハ行下二段活用**。
へ・へ・(ふ)・ふる・ふれ・(へよ)　と活用する。

終止形・命令形の用法はほとんどない。

得点源56 語の特質で二種類の「給ふ」を見分ける。

謙譲の補助動詞「給ふ」の特質を覚えておくと、見分けやすい。

① おもに**会話文**・**手紙文**に出てくる。

全体が語りになっているような文章では、地の文でも登場する場合がある

得点源55 を例文で確認

1 この皇子《みこ》生まれ**給ひ**て後《のち》は、（四段活用）
この皇子がお生まれになってのちは、

2 恥づかしう思ひ**給へ**はべれば、（下二段活用）
恥ずかしく思い申し上げていますので、

得点源56 を例文で確認

② 心ゆかぬやうになん聞き**たまふる**（「聞く」の語についている）
気の進まないさまだと聞いております
「〜ております」という訳があてはまる。

② 「思ふ・見る・聞く・知る」という四つの動詞にしかつかない。
そしてそれは必ず**話し手の動作**である。

③ 「〜ます・〜ております」という訳があてはまる。

④ 複合動詞につくときは、**語の間に割りこむ形**で入る。

得点源57 意味で二種類の「奉《たてまつ》る」を見分ける。

1 **尊敬語「奉る」**（「食ふ」「飲む」「着る」「乗る」などの尊敬）
「召し上がる」「お召しになる」「お乗りになる」といった訳があてはまる場合は**尊敬語**。
身分の高い人が主語になっていることもヒントになる

2 **謙譲語「奉る」**（「与ふ」の謙譲）
「差し上げる」といった訳があてはまる場合は**謙譲語**。

補足 補助動詞になっているときは謙譲語であるのも覚えておく。

---

④ 命長さの、いとつらう思ひ**たまへ**知らるるに、
長生きが、たいそうつらく思い知っておりますにつけて、
複合動詞「思い知る」の間に「給ふ」が割りこむ形になっている。

得点源57 を例文で確認

1 （帝《みかど》は）御輿《おほんこし》に**たてまつり**て後に、
乗り物
御輿にお乗りになったあとに、

2 御**文**《ふみ》**奉り**たまふ。
お手紙を差し上げなさる。

かぐや姫を養ひ**たてまつる**こと
補助動詞
かぐや姫をお育て申し上げること

得点源58 意味で二種類の「参る」を見分ける。

1 **尊敬語「参る」**（「食ふ」「飲む」「す」「行ふ」などの尊敬）

「召し上がる」「なさる」といった訳があてはまる場合は**尊敬語**。

身分の高い人が主語になっていることもヒントになる

2 **謙譲語「参る」**（「行く」「与ふ」の謙譲）

「参上する」「差し上げる」といった訳があてはまる場合は**謙譲語**。

得点源59 意味で二種類の「侍り《はべ》・候ふ《さぶら》（候ふ《さうら》）」を見分ける。

1 **謙譲語「侍り・候ふ」**（「仕ふ」の謙譲）

「（貴人のおそばに）お仕えする」といった訳があてはまる場合は**謙譲語**。

貴人の存在があることもヒント

2 **丁寧語「侍り・候ふ」**（「あり」の丁寧）

「あります」「ございます」といった訳があてはまる場合は**丁寧語**。

補足 補助動詞になっているときは丁寧語であるのも覚えておく。

得点源58を例文で確認

1 **夜深く御手水《てうづ》参り**

夜更けに手をお洗いなさり

2 **御くだものばかりまゐれり。**

御菓子だけを差し上げた。

得点源59を例文で確認

1 **二三日内裏《うち》にさぶらひ、**

二、三日、宮中にお仕えして、

「宮中」は天皇が居る場所

2 **物語の多くさぶらふなる、**

物語（というもの）が多くございますそうですが、

例題

次の文章は『十訓抄』の一節で、亡くなった三位殿を偲《しの》んで集まった人々が「月はのぼる百尺《ひゃくせき》の楼《ろう》」という漢詩の一節を口ずさんでいると、みすぼらしい姿の尼が現れ、間違ったことを吟じていると言った箇所である。よく読んで設問に答えよ。

（解説・解答は次ページ）

人々笑ひて、「興《きょう》ある尼かな。いづくのわろきぞ」といへば、「さらなり。さぞおぼすらむ。されど思ひ給ふる(A)は、月はなじかは楼にはのぼるべき。『月にはのぼる』とぞ故三位殿は詠じ給ひ(B)し。おのれは御物張《ものは》りにて、おのづから承りしなり」といひければ、恥ぢて(チェック1)、みな立ちにけり。

注 物張り――洗濯や裁縫などの雑用に従事した召使い。

問 ――線A「給ふる」とB「給ひ」の違いの説明として適切となるよう、次の文章の空欄ア～クを埋めよ。

Aは［ア］活用の「給ふ」の［イ］形で、［ウ］の［エ］に対する敬意を表しているのに対し、
Bは［オ］活用の「給ふ」の［カ］形で、［キ］の［ク］に対する敬意を表している。

（福井県立大改）

▼例題でチェック！

チェック1 ------線「恥ぢて」とは、誰が何を恥じたのか、文脈に従ってわかりやすく説明せよ。

例題　解説・解答

通釈　まずは全体の意味をつかもう

人々笑ひて、／「興《きよう》ある尼かな。／いづくのわろきぞ」と／
人々が笑って、／「おもしろい尼よ。／どこがよくないのか」と／

いへば、（主語が変わる）／「さらなり。（尼は）／さぞおぼすらむ。／されど／
言うと、／「そうです。／そのようにお思いになっているでしょう。／しかし、／

思ひ給ふるは、（A 下二段活用の連体形）／月は／なじかは／楼にはのぼるべき。／
（私が）思いますに、／月は／どうして／楼にのぼるはずがありましょうか。いやありません。／

『月にはのぼる』とぞ／故三位殿は／詠じ給ひし。（B 四段活用の連用形）／
『月にはのぼる』と／故三位殿は／吟じなさいました。／

おのれは／御物張《ものは》りにて、／おのづから／承りしなり」と／
私は／雑用をした召し使いで、／自然と／（故三位殿が吟じなさるのを）お聞きしたのです」と／

いひければ、（主語が変わる）／恥ぢて、（人々は　チェック1）／みな／立ちにけり。
いったので、／恥じて、／みな／その場を立ち去った。

チェック1 の解答

人々が、自分たちが馬鹿にしていた尼に間違いを指摘され、自分たちの理解が間違っていたことを恥じた。

▼問題文の始めに「笑ひて」とあるように、人々は最初この尼を馬鹿にしていた。その尼の指摘が正しく、自分たちが間違って理解していたことがわかったので、恥じたのである。

解説

A「給ふる」は**ハ行下二段活用**の**連体形**にしか出てこない形なので、**謙譲語の「給ふ」**（得点源55-2）。会話文の中で、「思ひ」という**自分の動作を表す語**についていることからも謙譲語とわかる（得点源56）。ここでは**話し手の「尼」から聞き手の「人々」に対する敬意**を示している。

B「給ひ」は**ハ行四段活用**の**連用形**にしか出てこない形なので、**尊敬語の「給ふ」**（得点源55-1）。直後の「し」は過去の助動詞「き」の連体形。「き」は連用形接続なので、ここからも「給ひ」が連用形とわかる。この敬語を用いている**話し手の「尼」から「詠じ」という動作をしている人である「故三位殿」に対する敬意**を示している。

解答

ア（ハ行）下二段　イ 連体　ウ 尼　エ 人々
オ（ハ行）四段　カ 連用　キ 尼　ク 故三位殿

プラスα　漢詩

平安時代には、政治や文化において中国を手本とし、貴族の男性は漢詩や漢文を必修としていました。漢詩・漢文のことを「文《ふみ》（書《ふみ》）」といい、それらを作ったり読んだりする才能を「才《ざえ》」といいました。

人々に人気が高かったのは中国の詩人・白居《はくきょ》易《い》です。彼の詩文集『白氏文集《はくしもんじゅう》』は日本の文学に大きな影響を与えました。

出典

『十訓抄』

→『基礎知識ブック』P.28〜29

17

格助詞「の」の五つの用法を見分ける

得点源60 「の」の五つの用法は訳で見分ける。

1 「〜が」と訳せる場合は**主格**。

2 「〜の」と訳せる場合は**連体修飾格**。

3 「〜で」と訳せる場合は**同格**。

（「の」の前後が同じものを指すこと）

同格は次のような形になる。

体言＋の＋連体形が(を・に・係助詞)

（の→「で」と訳す）（連体形が→訳すときは上にある体言と同じ語を補う）

4 「〜のように」と訳せる場合は**連用修飾格（比喩）**。

5 「〜のもの」と訳せる場合は**準体格**。

（体言の代わりの資格という意味）

得点源60を例文で確認

↓基礎知識ブック P.24

1 雪**の**おもしろう降りたりし朝《あした》、

（の→「が」と訳せる）

雪が趣深く降っていた朝、

2 筒**の**中光りたり。

（の→「の」と訳せる）

(竹の)筒の中が光っている。

3 柑子《かうじ》の木**の**、枝もたわわになりたるが周りを

（の→「で」と訳せる）（なりたるが→「木」を補う）

みかんの木で、枝が曲がるほど(実が)なっている木の周りを

4 岩にせかるる滝川**の**われても

（の→「のように」と訳せる）

岩にせきとめられた急流のように分かれても

5 唐《から》**の**はさらなり、大和《やまと》**の**もいとめでたし。

（の→「のもの」と訳せる）

例題

次の文章は『源氏物語』の一節で、光源氏が、妻の一人・花散里を訪ねようとする箇所である。よく読んで設問に答えよ。

（解説・解答は次ページ）

卯月《うづき》（チェック1）ばかりに、花散里《はなちるさと》を思ひ出できこえたまひ（チェック2―①）て、忍びて、対《たい》の上に御暇《いとま》聞こえ（チェック2―②）て出でたまふ。日ごろ降りつるなごりの雨すこしそそきてをかしきほどに、月さし出でたり。昔の（A）御歩き思し出でられて、艶《えん》なるほどの（B）夕月夜に、道のほど、よろづの（C）こと思し出でておはするに、形もなく荒れたる家の（D）木立しげく森のやうなるを過ぎたまふ。

注 対の上―光源氏の妻、紫の上。

問 ――線A～D「の」のうち、一つだけ用法が異なるものがある。記号で答えよ。

（青山学院大 改）

（なでしこの花は）唐のものはいうまでもなく、日本のものもたいそうすばらしい。

▼例題でチェック！

チェック1 ----線「卯月」は陰暦の何月か、答えよ。

チェック2 ----線①「たまひ」②「聞こえ」は誰への敬意か、最も適当なものを次の中から選び、記号で答えよ。

ア 光源氏
イ 花散里
ウ 対の上

例題 解説・解答

通釈 まずは全体の意味をつかもう

チェック1

卯月《うづき》ばかりに、／花散里《はなちるさと》を／思ひ出できこえ**たまひ**て、／忍びて、／

チェック2-①（尊敬語）

四月のころに、／（光源氏は）花散里を／思い出し申し上げなさって、／人目につかないようにして、／

対《たい》の上に／御暇《いとま》**聞こえ**て／出でたまふ。／日ごろ／降りつる／

チェック2-②（謙譲語）

対の上に／ご挨拶申し上げて／外出なさる。／数日間／降っていた／

なごりの雨／すこしそそきて／をかしきほどに、／月さし出でたり。／

名残の雨が／少し降り注いで／風情があるころに、／月が輝き出た。／

昔のA御歩き／思し出でられて、／艶《えん》なるほどBの／夕月夜に、／

昔のご訪問を／思い出しなさって、／優雅で美しい折の／夕月夜に、／

道のほど、／よろづのこCと／思し出でておはするに、／形もなく／

道の途中で、／多くのことを／思い出していらっしゃると、／形もわからないほど／

荒れたる家Dの／木立しげく／森のやうなるを／過ぎたまふ。

（同格）（「家」の語が補える）

荒れ果てた家で／木立が茂って／森のようになっている家（の前）を／通り過ぎなさる。

チェック1 の解答

四月

チェック2 の解答

① ア

▼この「たまひ」は四段活用なので、尊敬の補助動詞。本文中には書かれていないが、リード文から光源氏の動作だと読み取る。

② ウ

▼「聞こゆ」は謙譲語なので、敬意は動作の受け手に対してである。ここでは「（光源氏が）対の上にご挨拶申し上げて」となるので、「対の上」となる。

解説

AからCまでは「〜の」と訳せるので、**連体修飾格**（得点源60-2）。Dは「形もなく荒れたる家」で「木立しげく森の**やうなる**（家）**を**」となっているので、**同格**である（得点源60-3）。

（連体形 → やうなる）

解答

D

プラスα　暦

古文の世界での季節は、現在のものとは異なっています。各月の呼び名とともに覚えておきましょう。

春→睦月《むつき》（一月）・如月《きさらぎ》（二月）・弥生《やよい》（三月）
夏→卯月《うづき》（四月）・皐月《さつき》（五月）・水無月《みなづき》（六月）
秋→文月《ふみづき》（七月）・葉月《はづき》（八月）・長月《ながつき》（九月）
冬→神無月《かんなづき》（十月）・霜月《しもつき》（十一月）・師走《しわす》（十二月）

出典

『源氏物語』〈蓬生〉

→『基礎知識ブック』P.26〜27

18 特殊な接続助詞の接続と用法をおさえる

↓基礎知識ブック P.25

得点源61

「つつ」は連用形接続で、反復・継続の用法を覚える。

「〜しては(反復)」「〜しつづけて(継続)」と訳す。

補足 現代語と同じ「〜ながら(動作の並行)」の意味もある。

得点源62

「で」は未然形接続で、現代語と意味が逆になる。

「〜ないで」と訳す。

補足 打消の助動詞「ず」＋接続助詞の「て」＝「ずて」が融合したもの。

得点源63

「ば」には未然形接続と已然形接続があり、それぞれ用法が異なる。

得点源61 を例文で確認

竹を取り**つつ**、よろづのことに使ひけり。（反復）

竹を取っては、いろいろなことに使っていた。

得点源62 を例文で確認

鬼ある所とも知ら**で**（未然形）

鬼がいる所とも知らないで

得点源63 を例文で確認

2 いと幼けれ**ば**、籠《こ》に入れて養ふ。（ここは原因・理由）

たいそう幼いので、籠に入れて育てる。

1 **未然形接続**の場合は**順接の仮定条件**を表し、**「〜ならば」**と訳す。

現代語の「ば」は順接の仮定条件のみ

2 **已然形接続**の場合は**順接の確定条件**を表す。順接の確定条件の場合には三つの用法がある。

① **原因・理由**を表す。→**「〜ので・〜から」**と訳す。

② **偶然条件**を表す。→**「〜と・〜ところ」**と訳す。

③ **恒常条件**を表す。→**「〜といつも・〜と必ず」**と訳す。

得点源64 「に」は連体形接続で、三つの用法がある。

「に」の用法は次の三つ。

① **単純な接続**を表す。→**「〜(する)と・〜(した)ところ」**と訳す。

② **原因・理由**を表す。→**「〜ので」**と訳す。

③ **逆接**を表す。→**「〜けれども」**と訳す。

※「に」の識別についてはP.52**得点源35**を参照

ここでは偶然条件

おどろきて見**れば**、いみじうをかしげなる猫あり。

はっとして見たところ、たいそうかわいらしい猫がいる。

ここは恒常条件

家にあ**れば**笥《け》に盛る飯を

家にいるといつも器に盛る飯を

得点源64を例文で確認

① 出で来るを待ちける**に**、すでにし出だしたるさまにて、

(ぼた餅が)出てくるのを待っていると、すでにできあがったようすで、

② 涙のこぼるる**に**、目も見えず、ものも言はれず。

涙がこぼれるので、目も見えないし、ものも言うことができない。

③ 十年ばかり候ひて聞きし**に**、まことにさらに音せざりき。

十年くらい宮中にお仕えして耳を傾けていたけれども、本当にまったく(鳥の鳴く)声がしなかった。

得点源65 「が」は連体形接続で、平安時代末期以降の作品にしか現れない。

接続助詞「が」の用法は次の二つの条件を満たしたものである。

① **平安時代末期以降の文章にでてくる。**

それより以前の作品に出てくる「が」は格助詞

② **逆接「～が・～けれども・～のに」あるいは単純接続「～が・～と・～ところ」と訳せる。**

格助詞「が」は「が(主格)」「の」「で」「のもの・のこと」と訳せる

得点源65を例文で確認

まこととも思はでありつる**が**、この暮れほどより、さもあるらんと思ひさだめてあるぞとよ。

本当のことだと思わないでいたけれども、この夕方くらいから、そうであろうと気持ちを決めているのだよ。

本文は『平家物語』。平安時代末期以降の作品で、「けれども」と訳せるので、この「が」は接続助詞。

例題

（解説・解答は94ページ）

余は奥の一間《ひとま》にありて、句をねり詩をうめきゐけるが、やがてこうじにたれば、ふとん引きかうでとろとろと睡《ねぶ》らんとするほどに、広縁《ひろえん》のかたの雨戸をどしどしどしどしとたたく。約するに二、三十ばかりつらねうつ音す。いとあやしく胸とどめきけれど、むくと起出でて、チェック1やをら戸を開き見るに、目にさへぎるものなし。

▼ **例題でチェック！**

チェック1 ----線「やをら」を現代語訳せよ。

問　――線「こうじにたれば」の意味として最も適当なものを次の中から選び、記号で答えよ。

ア　恋しくなったので
イ　くたびれたので
ウ　上手にできたので
エ　できることならば
オ　充分論じたならば
カ　眠くなったならば

（明治学院大改）

例題 解説・解答

通釈 まずは全体の意味をつかもう

余は／奥の一間《ひとま》にありて、／句をねり／詩をうめきゐけるが、／
私は／奥の一室にいて、／句を考えたり／詩を苦心して作ったりしていたが、／

やがて／こうじにたれば、／ふとん引きかうで／とろとろと／
（たれ：已然形）
すぐに／くたびれたので、／布団を引きかぶって／とろとろと／

睡《ねぶ》らんとするほどに、／広縁《ひろえん》のかたの／雨戸を／どしどしどしどしと／
眠ろうとしているときに、／広縁のほうの／雨戸を／どしどしどしどしと／

たたく。／約するに／二、三十ばかり／つらねうつ音す。／
たたく(音がする)。／およそ／二、三十ばかり／続けて打つ音がする。／

いとあやしく／胸とどめきけれど、／むくと／起出でて、／
たいそう不思議で／胸が騒いだけれど、／むっくり／起き出して、／

チェック1
やをら／戸を開き見るに、／目にさへぎるものなし。
そっと／雨戸を開けてみると、／目をふさぐものはない(＝何も見えない)。

チェック1 の解答

そっと

▼「やをら」は現代語でも使われるが、「急に」「突然」などの誤った意味で使う人が多い。ものごとが静かに進む状態を表していることを覚えておく。

解説

「ば」の直前が未然形か已然形かを確認する。「たれ」は助動詞「たり」の**已然形**なので、この「ば」は**順接の確定条件**を表している(得点源**63**-2)。ここから、まずア~ウのどれかになることがわかる。

「こうじ」は漢字で書くと**「困じ」**で、**「疲れはてる」**という意味。よって(イ)になる。

解答

イ

プラスα　俳諧

「俳諧《はいかい》」はもともと「連歌」という、長句(五・七・五)と短句(七・七)を連ねていく詩歌の一種から出たものです。「俳諧」という語は「戯れ」を意味し、滑稽《こっけい》な句をつなげていく遊びでした。それが徐々に様式が整えられ、松尾芭蕉《まつおばしょう》によって芸術性の高いものへと変化しました。芭蕉一門の句風を「蕉風」といいます。

芭蕉の死後、俳諧は文学性を失っていきましたが、与謝蕪村《よさぶそん》らの登場によって再び活気を取り戻しました。

現在「俳句」といわれているものは俳諧の最初の句のことで「発句《ほっく》」といいました。

出典

『新花摘』

江戸時代の俳諧俳文集。与謝蕪村作。

19 係り結びの特別な使い方に注意する

↓基礎知識ブック P.24

得点源66 結びの部分が省略されることがある。

1 断定の助動詞「なり」の連用形「に」に係助詞がついた場合は「あり・はべり・おはす」などが省略されている。

補足 文脈に合わせて推量の助動詞「む」や「けむ」をつける。

「～にや。」「～にか。」

→「あらむ・ありけむ・はべらむ」などを補う。

「～であろうか・～であっただろうか・～でございましたでしょうか」などと訳す。

「～にこそ。」

→「あらめ・ありけめ・はべらめ」などを補う。

「～であろうか・～であっただろうか・～でございましたでしょうか」などと訳す。

2 引用の格助詞「と」に係助詞がついた場合は「言ふ・聞く・思ふ」などが省略されている。

得点源66 を例文で確認

1 一人歩《あり》かん身は、心すべきことに**こそ**と思ひけるころしも、

結びの省略

一人歩きする身には、用心しなければならないことだと思ったちょうどその頃、

2 飼ひける犬の、暗けれど主《ぬし》を知りて、飛び付きたりける**とぞ**。

結びの省略

飼っていた犬が、暗いけれど主人だとわかって、飛び付いたということである。

「〜とぞ。」「〜となむ。」「〜とや。」「〜とか。」

↓会話文なら「言ふ・聞く」などを補う。

↓心の中のことばなら「思ふ」などを補う。

「〜とこそ。」

↓会話文なら「言へ・聞け」などを補う。

↓心の中のことばなら「思へ」などを補う。

得点源67 係助詞「こそ」には**逆接用法**がある。

文中に「こそ」があって、結びが已然形になっても、**文が終わらず**、そのまままつながっていく場合は、**已然形の部分を逆接の意味**で訳す。


…こそ……已然形、……。

（文が終わっていない）（逆接で訳す）

得点源67 を例文で確認

中垣**こそ**あれ、一つ家のやうなれば、（文が続いている）
中垣はあるけれども、一軒の家のようであるので、（逆接で訳す）

得点源68

「もぞ」「もこそ」は起こったら困ることを表す。

「〜すると困る」「〜したら大変だ」と訳す。

得点源69

「こそ」の結びがシク活用形容詞のとき、過去形で訳さないようにする。

形容詞シク活用の已然形は「しけれ」となる。この「けれ」を過去の助動詞「けり」の已然形と誤解しやすいので注意する。

たとえば「うつくしけれ」を「うつくし」と「けれ」に分けて「かわいらしかった」と過去形で訳してしまいたくなるが、これは間違い。「うつくし」に「けり」がついているのならば、連用形接続なので「うつくしかりけり」となる。

※過去の助動詞「けり」については『基礎知識ブック』P.11参照

得点源68を例文で確認

雨もぞ降る。

雨が降ると困る。

雨もこそ降れ。

雨が降ると困る。

得点源69を例文で確認

妻子こそうつくしけれ。

妻子こそいとおしい。

形容詞シク活用の已然形

「いとおしかった」としない

例題

（解説・解答は次ページ）

大内記《だいないき》の聖《ひじり》は、やむごとなき博士にて、文作る道、類《たぐひ》少なくて、世につかへけれど、心はひとへに仏の道に深くそみて、あはれびの心のみありければ、大内記にて、記すべきことありて、催されて内に参れりけるに、左衛門の陣などの方にや、女の泣き立てるがありけるを、「何事のあれば、かくは泣くぞ」と問ひければ、

注 大内記の聖—平安中期の漢学者、慶滋保胤《よししげのやすたね》のこと。

問 ——線「左衛門の陣などの方にや」のあとに補う言葉として最も適当なものを次の中から選び、記号で答えよ。

ア ありけむ
イ ありけめ
ウ あるべし
エ あれ

（神奈川大 改）

▼ 例題でチェック！

チェック1 ----線「参れ」は誰に対する敬意を表しているか、最も適当なものを次の中から選び、記号で答えよ。

ア 大内記　イ 帝《みかど》
ウ 仏　エ 女

チェック2 ----線「の」の用法として正しいものはどれか、最も適当なものを次の中から選び、記号で答えよ。

ア 主格　イ 連体修飾格
ウ 同格　エ 連用修飾格
オ 準体格

例題　解説・解答

通釈　まずは全体の意味をつかもう

大内記《だいないき》の聖《ひじり》は、／やむごとなき博士にて、／文作る道、／
大内記の聖は、／りっぱな博士で、／漢詩文を作ることに関しては、／

類《たぐひ》少なくて、／世につかへけれど、／心は／ひとへに／
並ぶものなくて、／朝廷に仕えていたけれど、／心は／ひたすら／

仏の道に深くそみて、／あはれびの心のみありければ、／
仏道に深く思いを寄せて、／哀れみの心ばかりあったので、／

大内記にて、／記すべきことありて、／催されて／
大内記（の役職）として、／記録しなければならないことがあって、／呼び出されて／

内に／参れりける（チェック1）に、／左衛門の陣などの方にや、／
（結びの省略）
内裏に／参上したところ、／左衛門の陣などの方角であっただろうか、／

女の／泣き立てる（チェック2）がありけるを、／「何事のあれば、／
（助動詞「り」の連体形）（「女」の語が補える）
女で／泣いて立っている女がいたので、／「何事があって、／

かくは泣くぞ」と／問ひければ、
このように泣くのだ」と／尋ねると、…

チェック1 の解答

イ

▼「参る」は謙譲語なので、動作の受け手に対する敬意を表す。「内」とは内裏のこと。よって、そこにいらっしゃる「帝」に対する敬意となる。

チェック2 の解答

ウ

▼「女」＋「の」＋「泣き立てる」＋「が」の形に注目する。「泣き立てる」も「女」の説明。「の」を挟んで同じことを説明しているので、同格になる（P.86得点源60-3）。

解説

「にや」のあとにくる言葉を考える。**「にや」のあとには「あり」が省略されており、文脈に合わせて「む」や「けむ」をつける**（得点源66-1）。また、係助詞「や」の結びは連体形になるので、選択肢の中で該当するのはアの「ありけむ」のみ。

解答

ア

プラスα　内

宮中のことを「内《うち》」といいます。「内裏」と書くこともあります。「内裏」は「だいり」とも読みますが、「うち」と読むこともあるのを覚えておきましょう。

宮中にはいつも天皇がいらっしゃるので、「内」で天皇自身を指すこともあります。どちらの意味かは文脈から考えましょう。

出典

『今鏡』

平安時代末期に成立した歴史物語。

20 用法に注意する副助詞をおさえる

↓基礎知識ブック P.24

得点源70 「だに」の用法と訳し方を覚える。

1 **最小限の願望**を表し「せめて～だけでも」と訳す。
命令・希望・仮定などの表現を伴って用いることが多い。

2の用法と判別する際の目安にする

2 程度の軽いものから**重いものを類推する**ことを表し「～さえ」と訳す。

得点源71 「すら」の用法と訳し方を覚える。

あることを特に強調して**他を類推する**ことを表し「～さえも」と訳す。

得点源72 「さへ」の用法と訳し方を覚える。

添加を表し「～までも」と訳す。「～さえ」と訳してはならない。

得点源70 を例文で確認

1 香をだに残せ
せめて香りだけでも残せ

2 わづかなる銭だになし。
わずかな銭さえない。
当然、大金もないということが類推できる。

得点源71 を例文で確認

聖《ひじり》すらかたし。
聖さえも難しい。
凡人ならばなおさら難しいと類推できる。

得点源72 を例文で確認

玉の男皇子《をのこみこ》さへ生まれたまひぬ。
（帝と桐壺更衣《きりつぼのこうい》との愛情が深いのに加えて）玉のように美しい男の皇子までもお生まれになった。

例題

僧侶である息子が宋の国に渡ることを決め、作者は別れの悲しみに沈み、その思いを述べた場面である。よく読んで設問に答えよ。

（解説・解答は次ページ）

嘆きわび絶えん命は口惜しくつゆ言ひ置かん言の葉もなしと思ふほどに、蟬鳴く。おどろおどろしき声ひきかへ、道心（チェック1）起こしたる、「くつくつ法師」と鳴くも、むなしき殻《から》こそは梢《こずゑ》にはとどめんずらめ、それにも劣りて、この身には影だにも見えず。

注 ひきかへ――〜と違って、という意味。

問 ――線「むなしき殻こそは〜影だにも見えず」は、どういうことか、最も適当なものを次の中から選び、記号で答えよ。

ア 蟬は抜け殻を残して、それははかないことであるが、わが身はそれ以下で、息子の面影さえも残っていない。
イ 蟬は抜け殻を残して、それはからっぽであるが、わが身はそれ以下で、もう二度と息子と会うことができない。
ウ 蟬は抜け殻を残して成長していくのに、わが身は息子と生き別れしなくてはならず、何の生きた証《あかし》もない。
エ 蟬は抜け殻を残して成長していくので楽しみであるが、わが身には息子の幻影さえも見えず、むなしくなる。

（京都産業大改）

▼例題でチェック！

チェック1 ……線「道心」とは何か、最も適当なものを次の中から選び、記号で答えよ。

ア 芸術の一つの道を極めようとする心
イ 仏教を深く信仰しようとする心
ウ 旅に出たくなる気持ち
エ 人生を懸命に生きようとする気持ち

例題 解説・解答

通釈 まずは全体の意味をつかもう

嘆きわび絶えん命は口惜しくつゆ言ひ置かん言の葉もなし

嘆いてつらく思いながら絶えるであろう私の命が残念で少しも言い残す言葉もないほどだ

と思ふほどに、／蜩鳴く。／おどろおどろしき声ひきかへ、／

と思っていたときに、／蜩が鳴く。／仰々しい（真夏の蟬の）声と違って、／

チェック1

道心起こしたる、／「くつくつ法師」と／鳴くも、／

仏道修行の気持ちを起こしたのか、／「くつくつ法師」と／鳴いているのも、／

係助詞 → 結び。文が続くので逆接（P.97 **得点源67**）

むなしき殻《から》**こそ**は／梢《こずゑ》にはとどめんず**らめ**、／それにも劣りて、／

中身がからの抜け殻は／梢に残しているのだろうが、／それにも劣って、／

命令などの表現ではないので、類推

この身には／**影だにも見えず**。

このわが身には／（息子の）面影さえも残っていない。

チェック1 の解答

イ

▼「道心」の「道」は「仏道」の「道」。仏道を志す心という意味。

解説

副助詞はその事柄だけでなく言外の内容まで語るので、このような設問の場合、無視するわけにはいかない。副助詞「だに」の意味をきちんとおさえているのは、**「さえ」という語を用いている**アとエのみである（得点源70-②）。――線では「むなしき殻」と言っており、エのような「蝉は抜け殻を残して成長していくので楽しみ」という受け取り方は不可能なので、㋐となる。

なお、問題には直接関係ないが、「息子の面影さえも残っていない」といっていることから、ましてや息子本人に会うことはできない、ということが類推できる。

解答

ア

プラスα　出家

俗世間への執着を捨てて、仏門に入ることが出家です。古文では出家に関する話が多く出てきます。

出家することを表す、おもな表現を覚えておきましょう。

世（＝俗世間）から出ることから

「世を背く」「世を捨つ」「世を厭《いと》ふ」

「世を離《か》る」「世を遁《のが》る」

髪を切ることから

「御髪《みぐし》下ろす」「頭《かしら》下ろす」

姿を変えることから

「さま変《か》ふ」「形変ふ」

出典

『成尋阿闍梨母集』

平安中期成立の私家集。成尋阿闍梨母《じょうじんあじゃりのはは》作。中国・宋に旅立つ我が子を見送る心情をつづったもの。詞書《ことばがき》が長く、日記に近い。

21 終助詞の接続と用法をおさえる

↓基礎知識ブック P.25

得点源73 **願望**を表す終助詞の接続と訳語を覚える。

1 **「ばや」**は**未然形**に接続し、**自分の願望**を表す。
「～したいものだ」と訳す。

2 **「なむ」**は**未然形**に接続し、**他への願望**を表す。
「～してほしい」と訳す。

3 **「しが(しがな)・てしが(てしがな)・にしが(にしがな)」**は**連用形**に接続し、**自分の願望**を表す。
「～したいものだ」と訳す。

4 **「もがな(がな・もが・もがも)」**は**体言・形容詞の連用形**などに接続し、**存在・状態に対する願望**を表す。
「～あればいいな」「～がほしい」と訳す。

得点源73 を例文で確認

1 未然形
いかで見**ばや**と思ひつつ、
どうにかして(物語を)見たいものだと思っては、

2 未然形
今ひとたびのみゆき待た**なむ**
もう一度の行幸を(紅葉が散らずに)待ってほしい

3 連用形
このかぐや姫を得**てしがな**見**てしがな**と、
このかぐや姫を妻にしたい、妻として見てみたいと、

4 体言
心あらん友**もがな**。
情趣を理解する友がほしい。

得点源74 禁止を表す終助詞の接続と訳語を覚える。

1 「そ」は**連用形**に接続する。

（カ変・サ変の場合には未然形につく）

「な～そ」という形で、「～しないでくれ」「～するな」と訳す。

（この「な」は副詞）

補足 「そ」は「な～そ」という形で禁止になるのが一般的だが、「そ」単独でも禁止になる。

2 「な」は**終止形**に接続する。

（ラ変型の活用語の場合には連体形につく）

「～するな」と訳す。

得点源75 念を押すことを表す終助詞の接続と訳語を覚える。

「かし」は**文の終止した形**に接続する。

「～(こと)よ」と訳す。

補足 文の終止した形とは終止形や命令形や係り結びの結び（連体形・已然形）などをいう。

（つまり文末）

得点源74を例文で確認

1 な疎《うと》みたまひそ。（連用形）

よそよそしくなさいますな。

2 あやまちすな。（終止形）

失敗をするな。

得点源75を例文で確認

よみつべくは、はや言へかし。（命令形で文が終止している）

（和歌を）詠むことができるならば、早く言ってみなさいよ。

得点源76 詠嘆を表す終助詞の接続と訳語を覚える。

1 「か・かな」は**連体形・体言**に接続する。
「〜(こと)よ」と訳す。

2 「な」は**文の終止した形**に接続する。
「〜(こと)よ」と訳す。

得点源76を例文で確認

1 かぎりなく遠くも来にけるかな、（連体形）
果てしなく遠くに来たことよ、

2 この影を見れば、いみじう悲しな。（文の終止した形）
この姿を見ると、たいそう悲しいことよ。

例題

（解説・解答は110ページ）

次の文章は『源氏物語』の一節で、時の権力者である右大臣の娘との婚儀の日だが、匂宮《におうのみや》は愛する中の君のもとで月を見ている。そこへ右大臣側から大臣の息子の中将が匂宮を迎えに来る箇所である。よく読んで設問に答えよ。

らうたげなるありさまを見棄てて出づべき心地《ここち》もせず、いとほしければ、よろづに契り慰めて、もろともに月をながめておはするほどなりけり。

（中略）

中将の参りたまへるを聞きたまひて、さすがに（チェック1-①）かれもいとほしけれ

▼例題でチェック！

チェック1 線①・②を現代語訳せよ。

① さすがに
② なほ

ば、出でたまはんとて、「今いととく参り来ん。ひとり月な見たまひそ。心そらなればいと苦し」と聞こえおきたまひて、なほかたはらいたければ、隠れの方より寝殿へ渡りたまふ。

チェック1-②

（京都大改）

問 ――線「ひとり月な見たまひそ」を現代語訳せよ。

例題 解説・解答

通釈 まずは全体の意味をつかもう

らうたげなるありさまを見棄てて／出づべき心地《ここち》もせず、／
（中の君の）かれんに見えるようすを見捨てて／出て行く気分もせず、／

いとほしければ、／よろづに／契り慰めて、／もろともに／
いじらしいので、／いろいろ／（将来のことなどを）約束し慰めて、／一緒に／

月を／ながめておはするほどなりけり。／（中略）／
月を／ながめていらっしゃるところであった。／（中略）／

中将の／参りたまへるを／聞きたまひて、／さすがに／（チェック1-①）
中将が／参上されたのを／（匂宮は）お聞きになって、／そうは言うもののやはり／

かれもいとほしければ、／出でたまはんとて、／「今いととく／
あちらも気の毒なので、／お出になろうと思って、／「すぐにとても急いで／

参り来ん。／ひとり／月な見たまひそ。／
帰ってまいりましょう。／ひとりで／月をご覧にならないでください。／

（な…そ：禁止を表す終助詞）

心そらなれば／いと苦し」と／聞こえおきたまひて、／
（私も）気もそぞろなので／とてもつらいのです」と／申し上げ置きなさって、／

チェック1 の解答

① そうは言うもののやはり

▼現代語の「期待通りだ」「たいしたものだ」といった意味はないので注意する。

② それでもやはり

▼現代語と同じく「さらに」という意味もあるが、重要なのはこちらの意味。

チェック1-②

なほ／かたはらいたければ、／隠れの方より／寝殿へ渡りたまふ。

それでもやはり／心苦しいので、／人目につかない所から／寝殿へ移動なさる。

解説

「そ」が**禁止を表す終助詞**。「な～そ」の形で、**「～しないでくれ」と訳す**（得点源**74**-[1]）。「たまひ」は尊敬の補助動詞なので（P.64得点源**44**）、尊敬表現を加えて訳す。

解答

ひとりで月をご覧にならないでください

プラスα　通い婚

平安時代の貴族は一夫多妻制が普通でした。また、夫が妻の家に通ってきて、衣服などの面倒を見てもらう「通い婚」という形が多くとられました。

正式な結婚として認められるには、まず男性が三晩連続で女性の元に通い続けなくてはなりません。三日目の夜に新郎新婦が、新婦の家で餅を食べる「三日《みか》の餅《もちひ》」という儀式を行うことによって、結婚成立のあかしとしました。

出典

『源氏物語』〈宿木〉

→『基礎知識ブック』P.26～27

22 和歌の枕詞《まくらことば》・序詞《じょことば》をおさえる

得点源77 頻出の枕詞を覚える。

枕詞とは、**特定の語の前について、その語を導きだす役目をすることば**。基本**五音**で、訳す必要はない。

頻出の枕詞	枕詞で導かれる語
あかねさす	日・昼・光・紫・照る
あしひ(び)きの	山・峰・尾の上《へ》
梓弓《あづさゆみ》	射る・引く・張る・音
あらたまの	年・月・日
うつせみの	世・人・命・身
からころも	着る・裁つ・袖・裾・紐《ひも》
草枕	旅
たらちねの	母・親
ちはやぶる	神
ぬばたまの	夜・黒・髪

得点源77 を例文で確認

あかねさす（枕詞）日のことごと
一日中

あらたまの（枕詞）年の三年を待ちわびて
三年という年月を待ちくたびれて

草枕（枕詞）旅にしあれば
旅にあるので

ちはやぶる（枕詞）神代も聞かず
神の時代でも聞いたことがない

ひさかたの（枕詞）光のどけき
日の光がのどかにさしている

ひさかたの	光・天・月・日・雲

得点源78 序詞の見つけ方を覚える。

序詞とは、**ある語を導き出すために用いられることば**。音数は**不定**。つながり方は、おもに次の二つのパターンがある。

① **意味の上でつながりをもつもの。**

下段の例文のように、

山鳥の尾は**長い** → それくらい「**長い**」夜

と、**比喩のような形**でつながっている。よって序詞は「ながながし」にかかるということになる。

② **音でつながりをもつもの。**

下段の例文のように、

「**いづみ**」と「**いつ見《み》**」

と、**似た音**でつながっている。よって序詞は「いつ見」にかかるということになる。

補足 下の句に主題があり、上の句が内容的には無関係で、ひとつの単語や音だけで結びついている場合、上の句の部分が序詞である可能性が高い。

得点源78 を例文で確認

① **あしびきの山鳥の尾のしだり尾の**ながながし夜《よ》をひとりかも寝む

（枕詞であるので意味は考えなくてよい）（序詞）

山鳥の尾の、その垂れ下がった尾が長々しいように、それくらい長い秋の夜を一人で寝ることになるのだろうか

和歌の主題は「ながながし夜をひとりかも寝む」である。

② **みかの原わきて流るるいづみ川**いつ見きとてか恋しかるらむ

（序詞）

みかの原を二つに分けるようにわき出て流れる泉川ではないが、いつあったというので、こうも恋しいのだろう

和歌の主題は「いつ見きとてか恋しかるらむ」である。実際に目の前に「いづみ川」があって、それを和歌に詠んでいるわけではない。

例題

既に万葉にのれるころの歌とても、多くはよき歌をよまむと、求めかざりてよめる物にして、実情《まことのこころ》のままのみにはあらず。上代《かみつよ》の歌にも、枕詞、序詞などのあるを以てもさとるべし。

チェック1

（解説・解答は次ページ）

問 ――線について、「枕詞」を含まない歌として最も適当なものを次の中から選び、記号で答えよ。

ア 夜《よる》も寝ず安くもあらず白たへの衣も脱《ぬ》かじ直《ただ》に逢ふまでに

イ 思へども思ひもかねつあしひきの山鳥の尾の長きこの夜《よ》を

ウ 人もなき空しき家は草枕旅にまさりて苦しかりけり

エ 岩が根のこごしき山を越えかねて音《ね》には泣くとも色に出でめやも

（近畿大改）

▼例題でチェック！

チェック1 ----線はどのようなことか。最も適当なものを次の中から選び、記号で答えよ。

ア 良い歌を詠《よ》みたいと、願い求める心をふくらませて詠んだもの

イ 良い歌を詠もうと思って、表現の手本を探し出して詠んだもの

ウ 良い歌を詠もうとして、自ら望んで表現を工夫して詠んだもの

エ 良い歌を詠みたいと思い、よりよい前例を求めつつ詠んだもの

例題　解説・解答

通釈　まずは全体の意味をつかもう

既に／万葉にのれるころの歌とても、／多くは／よき歌をよまむと、／
すでに／『万葉集』に載っている歌であっても、／多くは／良い歌を詠もうとして、／

求めかざりてよめる物にして、／実情《まことのこころ》のままのみにはあらず。／
自ら望んで表現を工夫して詠んだものであり、／本当の心情のままだけではない。／

上代《かみつよ》の歌にも、／枕詞、序詞などのあるを以ても／さとるべし。
上代の歌にも、／枕詞、序詞などがあるということからも／わかるだろう。

解説
アは「白たへ」が「衣」の枕詞。イは「あしひきの」が「山(鳥)」の枕詞（得点源77）。ウは「草枕」が「旅」の枕詞（得点源77）。エだけ枕詞がない。

解答
エ

チェック1 の解答
ウ
▼どの選択肢も似ているが、「かざる」が「装飾する」という意味をもつことに注目して解答を選ぶ。

出典
『うひ山ぶみ』
一七九八年成立の国学書。本居宣長著。国学の入門書として学問の方法やその心構えを説いたもの。

23 和歌の掛詞《かけことば》・縁語をおさえる

得点源79 頻出の掛詞を覚える。

掛詞とは、同音異義語を利用して、**一つのことばに二つの意味をかけたことば**。おもな掛詞には、次のようなものがある。

1 あき → 「秋」と「飽き」の掛詞。

「飽き」は動詞「飽く」の連用形で、男女の間で、相手のことを飽きていやになるという意味。**季節の秋に掛けて、私のことも飽きてしまったのでしょう**などというときに用いられる。

2 うき → 「憂き」と「浮き」の掛詞。

「憂き」は形容詞「憂し」の連体形で、つらいという意味。「浮き」は動詞「浮く」の連用形で、よりどころがないという意味。**よりどころがなく、つらい身の上である**ということを表す。

得点源79 を例文で確認

1 人の心の**あき**しうければ（掛詞）

人の心の秋、飽きがつらいので

2 心から**うき**たる舟にのりそめて（掛詞）

心から憂いて浮いている舟に乗り始めて

3 さしも知らじな燃ゆる思**ひ**を（掛詞）

それほどまでとは知らないだろう、火のように燃える私の思いを

3 **おもひ** →「思ひ」の「ひ」と「火」の掛詞。
思いが火となって燃え上がる、あるいは**ゆらゆらと燃える**、そんな思いの有り様を表す。

4 **かる** →「枯《か》る」と「離《か》る」の掛詞。
草木がいつか枯れてゆくように、あんなに燃え上がっていた二人の関係も終わろうとしている。あなたが私のもとを訪れることもなくなってきた、ということを表す。

5 **ふみ** →「文《ふみ》(手紙)」と「踏み」の掛詞。

6 **まつ** →「待つ」と「松」の掛詞。

得点源80 頻出の**縁語**を覚える。

縁語とは、和歌の中の、**意味的に関連のあることば**。たとえば「火」と「燃ゆ」や「消ゆ」はとても関連があるので、「燃ゆ」や「消ゆ」は「火」の縁語といえる。おもな縁語には、次のようなものがある。

1 **海** →「沖」「漕ぐ」「海士《あま》」「波」「潮」などが縁語。

---

4 人目も草も**かれ**ぬと思へば（掛詞）
人も訪ねなくなり、草も枯れてしまうと思うので

5 まだ**ふみ**も見ず天の橋立（掛詞）
まだ天の橋立を踏んだこともないし(母からの)便りも見ていません

6 来ぬ人を**まつ**ほの浦の夕なぎに（掛詞）
来ない人を待って、松帆《まつほ》の浦の夕凪《ゆうなぎ》に

得点源80 を例文で確認

1 恋ひしのぶ人にあふみの**海**ならば荒き**波**にもたちまじらまし
人目を避けての恋で恋しい人に逢える海ならば荒い波の中にも立ち交じろうかしら
この歌は、「あふ」が「逢ふ」と「近江《あふみ》」の掛詞にもなっている。

2 衣 → 「袖」「着る」などが縁語。他に「褄《つま》」「袂《たもと》」「裏」「張る」「褻《な》る」「裁つ」「返す」などがある。

補足 「褄」は着物の端の部分を指す。「張る」は着物を洗って干すことをいう。「褻《な》る」は着古しているうちに糊《のり》もとれて、こわばりがなくなることをいう。「裁つ」は布を裁断することをいう。

3 竹 → 「節(ふし・よ)」や「葉」などが縁語。

4 波 → 「立つ」「寄る」「返る」「浦」「渚《なぎさ》」「音」などが縁語。

5 涙 → 「流る」「袖」などが縁語。
特に「袖」は、涙を受けるのに使うので、よく出てくる。

6 弓 → 「張る」「引く」「射る」などが縁語。

7 緒 → 「絶ゆ」「長らふ」「弱る」などが縁語になる。
（緒 ←）「玉の緒」という形で命という意味になることも覚えておく

2
からころも着つつなれにしつましあれば
はるばるきぬる旅をしぞ思ふ

唐衣が着ているうちに柔らかくなるように慣れ親しんだ妻が(都に)いるので、はるばるやってきた旅を思うのだ

この歌は「つま」が「妻」と「褄」、「はるばる」が「遥々」と「張る張る」の掛詞にもなっている。

3
なよ竹のよ長き上に初霜のおきゐても
のを思ふころかな

なよ竹の長い節と節の間に初霜がおかれるように長い夜を起きていてもの思いをするこのごろだなあ

この歌は、「よ」が「節」と「夜」の掛詞にもなっている。

7
玉の緒よ絶えなば絶えね

私の命よ、絶えてしまうなら絶えてしまえ

例題

（解説・解答は次ページ）

次の文章は、今川了俊『道行きぶり』の一節で、了俊が、応安四年（一三七一）に九州探題となり、任地へ赴く時の箇所である。よく読んで設問に答えよ。

さて湊川《みなとがは》といふ所に、一夜とどまりて明《あ》けしかば、都より慕《した》ひ来（チェック1）つる友達、一人、二人、「今は」とあかれ行くほどに、いとど心細くて、「行き憂し」といひつべきほどなり。

旅衣朝たつ袖《そで》の湊川かはらぬ瀬にとなほや頼まむ

問 ——線「旅衣朝たつ袖の湊川かはらぬ瀬にとなほや頼まむ」に用いられた修辞として最も適当なものを次の中から選び、記号で答えよ。

ア 「衣」と「たつ」は縁語
イ 「朝」は「朝」と「浅し」の掛詞
ウ 「朝たつ袖の」は「湊川」を導く序詞
エ 「たつ」は「立つ」と「裁つ」の縁語
オ 「湊川」は「かはらぬ」を導く枕詞

（神戸学院大改）

▼例題でチェック！

チェック1 ----線「来」の読み方をひらがなで答えよ。

例題　解説・解答

通釈　まずは全体の意味をつかもう

さて湊川《みなとがは》といふ所に、／一夜とどまりて／明《あ》けしかば、／

さて湊川という所に、／一晩泊まって／夜が明けたので、／

都より慕《した》ひ来つる友達、／一人、二人、／「今は」と／

（チェック1：完了の助動詞「つ」の連体形）

都から（私を）慕ってやって来た友達が、／一人二人と、／「今は（もうこれまで）」と言って／

あかれ行くほどに、／いとど心細くて、／「行き憂し」と／

別れていくにつれて、／ますます心細くなって、／「行くのがつらい」と／

いひつべきほどなり。／

言ってしまいそうなほどである。／

旅衣朝たつ袖《そで》の湊川かはらぬ瀬にとなほや頼まむ

旅衣で朝に旅立つ私の袖（は涙で川のようになって濡れている、）湊川の川瀬が変わらないよう頼むように、（友人との変わらぬ再会を）それでもやはり頼みにしましょう

チェック1 の解答

き

▼「来」はカ変動詞で、「こ」「き」「く」の三つの読み方が考えられる。ここでは直後の「つる」から読み方がわかる。「つる」は完了の助動詞「つ」の連体形。「つ」は連用形接続なので、「き」と読む。

解説

「衣」と「たつ（裁つ）」が縁語なので（得点源80-②）、アが正しい。「たつ」は「裁つ」と「立つ」をかけているが、これは縁語ではなく**掛詞**なので（得点源79）、**エ**は間違い。「朝」と「浅し」は掛詞になっていないので、**イ**も間違い。序詞は比喩になっていたり音の重なりがあったりして、ある語を導く（P.113得点源78）が「朝たつ袖の」と「湊川」はそのような関係になっていないので、**ウ**も違う。「湊川」は枕詞ではないので、**オ**も間違い。

解答

ア

出典

『道行きぶり』

一三七一年成立の紀行文。今川了俊作。九州探題となって大宰府に向かうときのことが書かれている。

付録

頻出・重要単語をおさえる

1 入試で狙われる動詞はコレ！

語	意味	ポイント
おどろく（驚く）	①目覚める ②はっと気づく ③驚く	現代語の「驚く」と同じ意味もあるが、**入試で狙われるのは①の意味。**②の意味もあるが、あまり出題されない。
かしづ《ズ》く	①大切に育てる ②世話をする	家来となって仕えるようなイメージがあるため、**①の意味がなかなか頭に入ってこないので注意。**②は、妻の実家が婿《むこ》である夫の世話をする場合に使われることが多い。
たのむ（頼む）	①頼りにする ②頼みに思わせる・あてにさせる	四段活用と下二段活用がある。四段活用の「頼む」は①の意味で、現代語とほぼ同じ。**入試で狙われるのは下二段活用の「頼む」。**②の意味で使われ、「あてにさせ」たくせに裏切って、ひどい！といった文脈で出てくる。
ながむ（眺む・詠む）	①もの思いにふける ②見渡す ③詩歌を朗詠する	**とくに①と③の意味を読み分ける。**①と②は、和歌の修辞で「長雨《ながめ》」との掛詞でも出題される。①の意味の場合、多くは会えない恋人のことを思っている。

なやむ（悩む）	病気になる	現代語と違って、精神的な苦しみをいわない。**肉体が病気であることをいう。**「わづらふ」と同じ。逆に病気が良くなることは「怠《おこた》る」という。
ねんず（念ず）	① 我慢する ② 祈る	①の意味のときに問題にされやすいので、**まず①のほうではないか疑ってみる。**
ののしる（罵る）	① 大声で騒ぐ ② 大いに噂する	現代語では相手を罵倒するという意味だが、古文では**①や②の意味で使われる**ことが多い。
ふ（経）	① 時がたつ ② 通過する・経過する	**一音の動詞でハ行下二段活用。**活用の種類や活用形を問う問題で頻出。一音の下二段活用動詞には、他に「得《う》」（ア行）「寝《ぬ》」（ナ行）がある。とくに「得」（と「心得」などの複合動詞）**はア行に活用する唯一の動詞**であることも出題される。
まうく《モ》（設く）	準備する	「儲《まう》けの君」で、「天皇になる準備をしている君」＝**皇太子という意味になる**ことを覚えておく。
ゐる《イ》（居る・率る）	① 座る・（鳥などが）止まる ② 連れる	「居る」は、人では**座っている**という意味になり、鳥などでは木の枝などに**止まっている**という意味になる。「率る」は、現代語に「引率」という言葉があるように、「**連れる**」という意味になる。

2 入試で狙われる形容詞はコレ!

語	意味	ポイント
あさまし	①驚きあきれるほどだ ②情けない	①の意味のほうが入試で狙われる。
おぼつかなし（覚束なし）	①はっきりしない ②気がかりだ	①がもともとの意味で、②の意味から「待ち遠しい」という意味でも使われる。
こころにくし（心憎し）	①奥ゆかしい ②すばらしい	現代語の「心憎い」と同様、憎いと思う気持ちは含まれていない。相手のすばらしさをほめ、うらやましく思う気持ちを表す。
こころもとなし（心許なし）	①じれったい ②気がかりだ	焦りや不安で、心が落ち着かないことを表す。場面によって「落ち着かない」「待ち遠しい」などの訳が適当なこともある。
とし（利し・疾し）	①鋭い・鋭敏だ ②はやい・激しい	①の意味では「利し」、②の意味では「疾し」と書かれることが多い。①は、もともと切れ味が鋭いことをいうが、そこから「鋭敏だ」「頭がよい」といった、人の性質を表すようになった。
なめし	無礼だ・失礼だ	派生語に形容動詞の「なめげなり」があり、これも頻出。意味は「無礼な様子だ」となる。
はづ《ズ》かし（恥づかし）	①（こちらが恥ずかしくなるほど）立派だ ②恥ずかしい	①の意味のほうが入試で狙われる。②の意味のときは、問題ではきかれない。

語	意味	ポイント
やむ《ン》ごとなし	①高貴だ ②重大だ・大切だ	平安時代以降の作品に現れる語。②のように**人の身分以外に使われることも**ある。
ゆかし	①見たい・聞きたい・知りたい ②心がひかれる	動詞の「行く」が形容詞になった語。①は**場面や対象によって、適当な訳を**考える。

● 現代語と意味が大きく異なる形容詞

語	意味	ポイント
ありがたし（有難し）	①めったにない ②尊い	①の意味は、プラスであれマイナスであれ、**単にまれであること**をいう。
うつくし（美し・愛し）	①かわいらしい ②いとおしい	**小さいものや幼いものをかわいく大切に思う気持ち**を表す。中世以降、現代語の「美しい」の意味でも使われるようになった。
おとなし（大人し）	①大人びている ②思慮分別がある	もとは単に「**大人になっている**」という意味。だんだんプラスの意味で使われるようになった。
かなし（悲し・愛し）	①心が痛む ②いとおしい	現代語と同じ①の意味でも使われるが、「愛し」と書いて、**②の意味でも使われることに注意する**。
さ《ソ》うざ《ゾ》うし	①張り合いがない ②もの足りない	**心が満たされないことやそのような様子**であることを表す。現代語の「騒々しい」とは別の語。

3 入試で狙われる形容動詞はコレ！

語	意味	ポイント
あからさまなり	①急だ・突然だ ②ちょっと	現代語の意味と異なっている上に、意味が副詞的なので、覚えにくい。
あだなり（徒なり）	①移ろいやすい ②浮気だ	恋人同士でよく使われる語。**相手の気持ちの移ろいやすさなどをいう。**
あてなり（貴なり）	身分が高い・高貴だ	漢字で書くと**「貴なり」**となり、意味そのままなのだが、「あて」に「貴」があてはまりにくいために、覚えにくい。
おろかなり（疎かなり）	①いいかげんだ ②未熟だ	近年では**「言ふもおろかなり」という連語での出題が多い。**「言葉では言い尽くせないほどすばらしい」という意味。
すずろなり（漫ろなり）	①むやみだ ②思いがけない	漢字で書くと「漫ろなり」となる。**当人の意に反して事態が進んでいく**という意味合いがある。

4 入試で狙われる名詞はコレ！

語	意味	ポイント
あそび（遊び）	①管弦の遊び ②宴会・行楽	**①の意味を問う問題**が一時よく出題された。近年、そろそろまた狙われる可能性が大。

ことわり（理）	①道理・筋道 ②説明・言い訳	読解のほか、「理」一字で、「ことわり」と読み、漢字の読みを問う問題でもよく出題されている。漢文での出題も多い。
て（手）	①筆跡 ②文字	もちろん「手」という意味もあるが、入試で狙われるのは①・②の意味の場合。
ふみ（文）	①文書・手紙 ②漢詩・漢文	現代語と同じく①の意味もあるが、入試で狙われるのは②の「漢詩・漢文」という意味。

5 入試で狙われる副詞はコレ！

語	意味	ポイント
すなは《ワ》ち（即ち・則ち）	①すぐに ②その時・そこで	現代語の「すなわち」とは意味が異なっているので注意。
なほ《オ》（直・猶・尚）	①依然として ②それでも・やはり	変わらず、同じ状態にある様子を表す。現代語にはない②の意味に注意。
やがて	①そのまま ②すぐに	現代語とは異なり、古語では「間髪を入れずに」「そのまま」というのが本来の意味。
やを《オ》ら	①そっと ②おもむろに	人目につかないように静かにゆっくりと動作をするときに使われる。

《著者紹介》

●桑原 聡（くわばら・さとし）

神戸大学大学院文学研究科修了。駿台予備学校専任講師を経て，現在京都共栄学園中学校高等学校指導参事。著書に『高校これでわかる古文・漢文』（文英堂・共編著），『東大の現代文』（教学社），『見て覚える頻出漢字』（駿台文庫）などがある。

シグマベスト
大学入試
古文の最重要知識
スピードチェック

著　者　桑原　聡
発行者　益井英郎
印刷所　中村印刷株式会社
発行所　株式会社文英堂
〒601-8121　京都市南区上鳥羽大物町28
〒162-0832　東京都新宿区岩戸町17
(代表)03-3269-4231

●落丁・乱丁はおとりかえします。

ΣBEST シグマベスト

大学入試

古文の最重要知識スピードチェック

基礎知識ブック

文英堂

もくじ

1 歴史的仮名遣い

□「は・ひ・ふ・へ・ほ」は「ワ・イ・ウ・エ・オ」と発音する。ただし、ハ行が語頭にきたときは「ハ・ヒ・フ・ヘ・ホ」のまま。

例 あはれ（哀れ）⇩アワレ　おもふ（思ふ）⇩オモウ
はな（花）⇩ハナ　ふみ（文）⇩フミ

□「ゐ・ゑ・を」は「イ・エ・オ」と発音する。

例 ゐなか（田舎）⇩イナカ　ゑまき（絵巻）⇩エマキ

□「くわ」「ぐわ」は「カ」「ガ」と発音する。

例 くわいせき（会席）⇩カイセキ
いんぐわ（因果）⇩インガ

□母音が重なる場合や母音が「ふ」につながる場合は長音で発音する。

例 やうやう（yauyau）⇩ヨーヨー
けふ（keu）⇩キョー

2 活用のきまり

□直後につく語によって、語の形が一部変化することを活用という。

□用言（動詞・形容詞・形容動詞）では、変化する部分を活用語尾、変化しない部分を語幹という。

□活用によって変化した形を活用形という。活用形は六種類に分けられる。

活用形	下に続くおもな語	活用の名前の意味
未然形	ず・む・ば	未《いま》だ然《しか》らざる（まだそうなっていない）形
連用形	たり・て	用言に連なる形
終止形	言い切る　べし・と	言い切る形
連体形	こと・とき	体言に連なる形
已然形	ど・ども	已《すで》に然《しか》る（すでにそうなっている）形
命令形	命令して言い切る	命令して言い切る形

3 四段活用動詞

ア・イ・ウ・エ段の四つの音を使って活用する動詞。数が最も多い。

未然形	連用形	終止形	連体形	已然形	命令形
-a	-i	-u	-u	-e	-e

例 咲く

語幹	活用語尾	下に続く語	活用形
咲	か	ず	（未然形）
咲	き	たり	（連用形）
咲	く		（終止形）
咲	く	とき	（連体形）
咲	け	ども	（已然形）
咲	け		（命令形）

注意

□未然形がア段の音になる。

□ア行とワ行の四段活用は存在しない。

4 上二段活用動詞

イ・ウ段の二つの音を使って活用する動詞。

未然形	連用形	終止形	連体形	已然形	命令形
-i	-i	-u	-uる	-uれ	-iよ

例 起く

語幹	活用語尾	下に続く語	活用形
起	き	ず	（未然形）
起	き	たり	（連用形）
起	く		（終止形）
起	くる	とき	（連体形）
起	くれ	ども	（已然形）
起	きよ		（命令形）

注意

□未然形がイ段の音になる。

□ヤ行上二段活用は「老《お》ゆ」「悔《く》ゆ」「報《むく》ゆ」の三語だけ。

□ア行とワ行の上二段活用は存在しない。

5 下二段活用動詞

ウ・エ段の二つの音を使って活用する動詞。

未然形	連用形	終止形	連体形	已然形	命令形
-e	-e	-u	-uる	-uれ	-eよ

例 **受く**

語幹			
受	**け**	ず	（未然形）
受	**け**	たり	（連用形）
受	**く**		（終止形）
受	**くる**	とき	（連体形）
受	**くれ**	ども	（已然形）
受	**けよ**		（命令形）

注意

□未然形がエ段の音になる。

□ア行下二段活用は「得《う》」と「心得《こころう》」などの「得」の複合動詞だけで、ワ行下二段活用は「植《う》う」「飢《う》う」「据《す》う」の三語だけ。

□「得《う》」「寝《ぬ》」「経《ふ》」には語幹と活用語尾の区別がない。

6 上一段活用動詞

イ段の音一つだけ使って活用する動詞。

未然形	連用形	終止形	連体形	已然形	命令形
-i	-i	-iる	-iる	-iれ	-iよ

例 **着る**

	着	ず	（未然形）
	着	たり	（連用形）
	着る		（終止形）
	着る	とき	（連体形）
	着れ	ども	（已然形）
	着よ		（命令形）

注意

□おもな上一段活用。すべて語幹と活用語尾の区別がない。
（カ行）**着《き》る**　（ナ行）**煮《に》る・似《に》る**　（ハ行）**干《ひ》る**
（マ行）**見《み》る**　（ヤ行）**射《い》る・鋳《い》る**　（ワ行）**居《ゐ》る・率《ゐ》る**

□「用ゐる」「試みる」などは語幹のある上一段活用。

7 下一段活用動詞

エ段の音一つだけ使って活用する動詞。

未然形	連用形	終止形	連体形	已然形	命令形
-e	-e	-eる	-eる	-eれ	-eよ

例 蹴《け》る

蹴ず（未然形）
蹴たり（連用形）
蹴る（終止形）
蹴るとき（連体形）
蹴れども（已然形）
蹴よ（命令形）

注意
□カ行の「蹴る」一語だけで、語幹と活用語尾の区別がない。

8 カ行変格活用動詞

カ行のイ・ウ・オ段にわたって変則的に活用する動詞。

未然形	連用形	終止形	連体形	已然形	命令形
こ	き	く	くる	くれ	こ こよ

例 来《く》

来《こ》ず（未然形）
来《き》たり（連用形）
来《く》（終止形）
来《く》るとき（連体形）
来《く》れども（已然形）
来《こ》　**来《こ》よ**（命令形）

注意
□原則「来」の一語だけ。他には「まうで来《く》」「出《い》で来《く》」などの複合動詞がある。
□語幹と活用語尾の区別がない。
□「来《き》たる」はラ行四段活用。

9 サ行変格活用動詞

サ行のイ・ウ・エ段にわたって変則的に活用する動詞。

未然形	連用形	終止形	連体形	已然形	命令形
せ	し	す	する	すれ	せよ

例 **す**

せず （未然形）
したり （連用形）
す （終止形）
するとき （連体形）
すれども （已然形）
せよ （命令形）

注意

□ 原則「す」「おはす」の二語だけ。「す」は語幹と活用語尾の区別がない。
□「ものす」「奏《そう》す」「念ず」などの複合動詞もある。
□ 語尾が「ず」と濁ってもサ行変格活用。

10 ナ行変格活用動詞

ナ行のア・イ・ウ・エ段にわたって変則的に活用する動詞。

未然形	連用形	終止形	連体形	已然形	命令形
な	に	ぬ	ぬる	ぬれ	ね

例 **死ぬ**

語幹		
死	**な**ず	（未然形）
死	**に**たり	（連用形）
死	**ぬ**	（終止形）
死	**ぬる**とき	（連体形）
死	**ぬれ**ども	（已然形）
死	**ね**	（命令形）

注意

□「死ぬ」「往《い》(去)ぬ」の二語だけ。
□「寝《い》ぬ」はナ行下二段活用。

11 ラ行変格活用動詞

ラ行のア・イ・ウ・エ段にわたって変則的に活用する動詞。

未然形	連用形	終止形	連体形	已然形	命令形
ら	り	り	る	れ	れ

例 **あり**

語幹			
あ	**ら**	ず	（未然形）
あ	**り**	たり	（連用形）
あ	**り**		（終止形）
あ	**る**	とき	（連体形）
あ	**れ**	ども	（已然形）
あ	**れ**		（命令形）

注意

□終止形がイ段の音である動詞はラ行変格活用だけ。他の動詞はすべて終止形はウ段の音。

□「あり」「居《を》り」「侍《はべ》り」「いまそかり（いまそがり・みまそがり）」の四語だけ。

12 活用の種類の見分け方

□上一段活用・下一段活用・カ行変格活用・サ行変格活用・ナ行変格活用・ラ行変格活用は、属している語が決まっているので覚えてしまう。

□四段活用・上二段活用・下二段活用は、助動詞「ず」をつけて未然形を作り、活用の種類を確認する。

咲く＋ず＝咲**か**ず ⇧ ア段の音になっているので、四段活用。

起く＋ず＝起**き**ず ⇧ イ段の音になっているので、上二段活用。

受く＋ず＝受**け**ず ⇧ エ段の音になっているので、下二段活用。

注意

□「恨む」は助動詞「ず」をつけたときに、「恨まず」とはならず「恨みず」となる。

13 形容詞

人や物の状態や性質を表す語。基本形が「〜し」という形で、ク活用とシク活用の二種類の活用がある。

ク活用

基本形	語幹	未然形	連用形	終止形	連体形	已然形	命令形
高し	高	く	く	し	き	けれ	○
		から	かり	○	かる	○	かれ

シク活用

基本形	語幹	未然形	連用形	終止形	連体形	已然形	命令形
涼し	涼	しく	しく	し	しき	しけれ	○
		しから	しかり	○	しかる	○	しかれ

注意

□動詞「なる」をつけて「〜くなる」となったらク活用で、「〜しくなる」となったらシク活用。

□語幹だけで用いられることもある。

14 形容動詞

人や物の状態や性質を表す語。基本形が「〜なり」となる形と「〜たり」となる形の二種類がある。

ナリ活用

基本形	語幹	未然形	連用形	終止形	連体形	已然形	命令形
優なり	優	なら	なり	なり	なる	なれ	なれ
		○	に	○	○	○	○

タリ活用

基本形	語幹	未然形	連用形	終止形	連体形	已然形	命令形
整然たり	整然	たら	たり	たり	たる	たれ	たれ
		○	と	○	○	○	○

注意

□タリ活用は鎌倉時代以降の用法で、漢文訓読文や和漢混交文に見られる。

□語幹だけで用いられることもある。

15 助動詞「き」

意味

① 過去〔～た〕

活用

未然形	連用形	終止形	連体形	已然形	命令形	活用の型
せ	○	き	し	しか	○	特殊型

接続 連用形

▼カ変動詞やサ変動詞に接続するときに、例外として、未然形に接続することがある。
「来《く》」＋連体形の「し」／已然形「しか」

⇩「こし」「こしか」となることがある。

「す」＋連体形の「し」／已然形「しか」

⇩「せし」「せしか」となることがある。

注意

□未然形「せ」は、反実《はんじつ》仮想《かそう》の「～せば…まし」（⬇P.19）以外には使わない。
□直接経験過去を表す。

16 助動詞「けり」

意味

① 過去〔～た〕
② 詠嘆〔～なあ〕

活用

未然形	連用形	終止形	連体形	已然形	命令形	活用の型
けら	○	けり	ける	けれ	○	ラ変型

接続 連用形

注意

□間接（伝聞）過去を表す。
□詠嘆は、会話または和歌の結句に多く出てくる。

17 助動詞「つ」

意味

① 完了〔～た・～てしまった〕
② 強意〔きっと～〕
③ 並列〔～たり〕

活用

未然形	連用形	終止形	連体形	已然形	命令形	活用の型
て	て	つ	つる	つれ	てよ	下二段型

接続 連用形

注意

□「てき」「てけり」など、直後に過去の助動詞がつくと完了となることが多い。
□「てむ」「てまし」「つらむ」「つべし」など、直後に推量の助動詞がつくと強意となることが多い。
□並立の意味のときは「…つ～つ（＝…たり～たり）」と、終止形を重ねる形で用いられる。

18 助動詞「ぬ」

意味

① 完了〔～た・～てしまった〕
② 強意〔きっと～〕
③ 並列〔～たり〕

活用

未然形	連用形	終止形	連体形	已然形	命令形	活用の型
な	に	ぬ	ぬる	ぬれ	ね	ナ変型

接続 連用形

注意

□「にき」「にけり」など、直後に過去の助動詞がつくと完了となることが多い。
□「なむ」「なまし」「ぬらむ」「ぬべし」など、直後に推量の助動詞がつくと強意となることが多い。
□並立の意味のときは「…ぬ～ぬ（＝…たり～たり）」と、終止形を重ねる形で用いられる。

19 助動詞「たり」（完了・存続）

意味

① 完了〔〜た・〜てしまった〕

② 存続〔〜ている〕

活用

未然形	連用形	終止形	連体形	已然形	命令形	活用の型
たら	たり	たり	たる	たれ	たれ	ラ変型

接続　連用形

注意

□「たり」は断定の意味の助動詞（⬇P.21）もあるが、断定の場合は名詞に接続する。

20 助動詞「り」

意味

① 完了〔〜た・〜てしまった〕

② 存続〔〜ている〕

活用

未然形	連用形	終止形	連体形	已然形	命令形	活用の型
ら	り	り	る	れ	れ	ラ変型

接続　サ変動詞の未然形・四段動詞の已然形

注意

□ 四段動詞の命令形に接続するという説もある。

□ 語尾がエ段の音のものに「ら・り・る・れ」がついているときは完了・存続の「り」ではないかと疑ってみる。

21 助動詞「ず」

意味

① 打消〔〜ない〕

活用

未然形	連用形	終止形	連体形	已然形	命令形	活用の型
ず	ず	ず	○	○	○	無変化型
○	○	○	ぬ	ね	○	四段型
ざら	ざり	○	ざる	ざれ	ざれ	ラ変型

接続　未然形

注意

□ 一番左の列は、直後に助動詞がつくときに用いる。

22 助動詞「る」「らる」

意味

① 受身〔〜れる・〜られる〕

② 可能〔〜できる〕

③ 自発〔(自然に・思わず)〜される〕

④ 尊敬〔〜なさる・お〜になる〕

活用

「る」

未然形	連用形	終止形	連体形	已然形	命令形	活用の型
れ	れ	る	るる	るれ	れよ	下二段型

「らる」

未然形	連用形	終止形	連体形	已然形	命令形	活用の型
られ	られ	らる	らるる	らるれ	られよ	下二段型

接続

「る」は四段・ナ変・ラ変動詞の未然形に接続する。

「らる」は四段・ナ変・ラ変以外の動詞の未然形に接続する。

23 助動詞「す」「さす」「しむ」

意味

① **使役**〔～させる〕
② **尊敬**〔～なさる・お～になる〕

活用

「す」

未然形	連用形	終止形	連体形	已然形	命令形	活用の型
せ	せ	す	する	すれ	せよ	下二段型

「さす」

未然形	連用形	終止形	連体形	已然形	命令形	活用の型
させ	させ	さす	さする	さすれ	させよ	下二段型

「しむ」

未然形	連用形	終止形	連体形	已然形	命令形	活用の型
しめ	しめ	しむ	しむる	しむれ	しめよ	下二段型

接続

「す」は四段・ナ変・ラ変動詞の未然形に接続する。
「さす」は四段・ナ変・ラ変以外の動詞の未然形に接続する。
「しむ」は活用語の未然形に接続する。

注意

□直後に「給ふ」または「おはします」がくる場合は、原則尊敬になる。ただし、文中に使役の対象(＝動作をやらせる相手)が示されているときは使役。
□直後に「給ふ」「おはします」がこない「す」「さす」「しむ」はすべて使役。
□「しむ」は漢文訓読調の文に多く出てくる。

24 助動詞「む」「むず」

意味

① 推量〔～う・～だろう〕
② 意志〔～よう・～つもりだ〕
③ 勧誘・適当〔～するのがよい〕
④ 仮定・婉曲《えんきょく》〔～たら・～ような〕

活用

「む」

未然形	連用形	終止形	連体形	已然形	命令形	活用の型
○	○	む	む	め	○	四段型

「むず」

未然形	連用形	終止形	連体形	已然形	命令形	活用の型
○	○	むず	むずる	むずれ	○	サ変型

接続　未然形

注意

□「ん」「んず」と表記されることもある。

25 助動詞「じ」

意味

① 打消推量〔～まい・～ないだろう〕
② 打消意志〔～まい・～ないつもりだ〕

活用

未然形	連用形	終止形	連体形	已然形	命令形	活用の型
○	○	じ	じ	じ	○	無変化型

接続　未然形

注意

□ 助動詞「む」（⬇上段）の意味の打消にあたる。
□ 主語が一人称ならば打消意志となり、一人称以外ならば打消推量となる。

26 助動詞「らむ」

意味

① **現在推量**〔(今頃は)〜ているだろう〕

② **現在の原因推量**〔どうして〜のだろう〕

③ **現在の伝聞・婉曲《えんきょく》**〔〜そうだ・〜ような〕

活用

未然形	連用形	終止形	連体形	已然形	命令形	活用の型
○	○	らむ	らむ	らめ	○	四段型

接続 終止形(ラ変型活用の語の場合は連体形)

注意

□「現在推量」とは、現在のことであるが、見えない場合に推量することを表す。

□「現在の原因推量」とは、現在の出来事の背後にある原因や理由は見えないので推量することを表す。

27 助動詞「けむ」

意味

① **過去推量**〔〜たのだろう〕

② **過去の原因推量**〔どうして〜たのだろう〕

③ **過去の伝聞・婉曲**〔〜たそうだ・〜たような〕

活用

未然形	連用形	終止形	連体形	已然形	命令形	活用の型
○	○	けむ	けむ	けめ	○	四段型

接続 連用形

注意

□「過去推量」とは、過去のことについて推量することを表す。

□「過去の原因推量」とは、過去の出来事の背後にある原因や理由を推量することを表す。

28 助動詞「べし」

意味

① **推量**〔～う・～だろう〕
② **意志**〔～よう・～つもりだ〕
③ **可能**〔～できる〕
④ **当然**〔～べき・～はずだ〕
⑤ **命令**〔～せよ〕
⑥ **適当**〔～のがよい〕

活用

未然形	連用形	終止形	連体形	已然形	命令形	活用の型
べく	べく	べし	べき	べけれ	○	ク活用
べから	べかり	○	べかる	○	○	形容詞型

接続 終止形(ラ変型活用の語の場合は連体形)

注意

□ 助動詞「む」(➡P.16)の意味を強めたものとされる。

29 助動詞「まじ」

意味

① **打消推量**〔～まい・～ないだろう〕
② **打消意志**〔～まい・～ないつもりだ〕
③ **不可能**〔～できない〕
④ **打消当然**〔～べきではない・～ないはずだ〕
⑤ **禁止**〔～するな〕
⑥ **不適当**〔～しないのがよい〕

活用

未然形	連用形	終止形	連体形	已然形	命令形	活用の型
まじく	まじく	まじ	まじき	まじけれ	○	シク活用
まじから	まじかり	○	まじかる	○	○	形容詞型

接続 終止形(ラ変型活用の語の場合は連体形)

注意

□ 助動詞「べし」(➡上段)の意味の打消にあたる。

30 助動詞「まし」

意味

① **反実《はんじつ》仮想《かそう》**〔…だったら〜のに〕

② **ためらいの意志**〔〜しようかしら〕

③ **実現不可能な希望**〔〜だといいのに〕

活用

未然形	連用形	終止形	連体形	已然形	命令形	活用の型
ませ	○	○	○	○	○	特殊型
ましか	○	まし	まし	ましか	○	

接続 未然形

注意

□「反実仮想」とは現実とは反対のことを仮に想像する表現。

…ませば〜まし
…ましかば〜まし
…せば〜まし
という形がある。

※「せば」の「せ」は過去の助動詞「き」（⬇P.11）の未然形。

31 助動詞「めり」

意味

① **推定**〔〜ようだ・〜と見える〕

② **婉曲《えんきょく》**〔〜ような〕

活用

未然形	連用形	終止形	連体形	已然形	命令形	活用の型
○	めり	めり	める	めれ	○	ラ変型

接続 終止形（ラ変型活用の語の場合は連体形）

注意

□ラ変型活用の語に「めり」がつくと、「る」が「ん」と撥《はつ》音便となり、さらに、「ん」が消えて、撥音便無表記という形になることがある。

あるめり⇩あんめり⇩あめり

□①の「推定」は、目で見たことに基づいて判断したことを表す。

32 助動詞「らし」

意味

① 推定〔～らしい〕

活用

未然形	連用形	終止形	連体形	已然形	命令形	活用の型
○	○	らし	らし	らし	○	無変化型

接続　終止形(ラ変型活用の語の場合は連体形)

注意

□「らし」は、基本的に和歌で用いられる。

33 助動詞「なり」(伝聞・推定)

意味

① 伝聞〔～という・～そうだ〕

② 推定〔～ようだ〕

活用

未然形	連用形	終止形	連体形	已然形	命令形	活用の型
○	なり	なり	なる	なれ	○	ラ変型

接続　終止形(ラ変型活用の語の場合は連体形)

注意

□ ②の「推定」は、耳で聞いたことに基づいて判断することを表す。

34 助動詞「なり」（断定）

意味

① **断定**〔〜である・〜だ〕

② **存在**〔〜にある・〜にいる〕

活用

未然形	連用形	終止形	連体形	已然形	命令形	活用の型
なら	なり	なり	なる	なれ	なれ	ナリ活用形容動詞型
○	に	○	○	○	○	

接続　名詞・連体形

注意

□ 連用形「に」は、直後に動詞「あり」「侍《はべ》り」「候《さぶら》ふ」「おはす」や助詞「や」「か」「こそ」などがくる。

□ 軍記物語など漢文訓読調の文では、「たり」（⬇下段）を使うことがある。

35 助動詞「たり」（断定）

意味

① **断定**〔〜である・〜だ〕

活用

未然形	連用形	終止形	連体形	已然形	命令形	活用の型
たら	たり	たり	たる	たれ	たれ	タリ活用形容動詞型
○	と	○	○	○	○	

接続　名詞

注意

□ 中世以後の、軍記物語など漢文訓読調の文で使うことがある。

36 助動詞「まほし」

意味

① 希望〔～たい・～てほしい〕

活用

未然形	連用形	終止形	連体形	已然形	命令形	活用の型
まほしく	まほしく	まほし	まほしき	まほしけれ	○	シク活用
まほしから	まほしかり	○	まほしかる	○	○	形容詞型

接続 未然形

注意

□「あらまほし」という語が出てきた場合、「理想的だ」と訳せるときは形容詞「あらまほし」。

37 助動詞「たし」

意味

① 希望〔～たい・～てほしい〕

活用

未然形	連用形	終止形	連体形	已然形	命令形	活用の型
たく	たく	たし	たき	たけれ	○	ク活用
たから	たかり	○	たかる	○	○	形容詞型

接続 連用形

注意

□「まほし」（⬇上段）と同じ意味で、鎌倉時代以降に用いられるようになった。

38 助動詞「ごとし」

意味

① **比況**〔～ようだ〕
② **例示**〔～ような〕

活用

未然形	連用形	終止形	連体形	已然形	命令形	活用の型
ごとく	ごとく	ごとし	ごとき	○	○	ク活用形容詞型

接続 名詞・連体形・助詞「の・が」

注意

□ ①の「比況」とは、他のものにたとえること。「まるで～のようだ」という意になる。②の「例示」とは、一例を挙げて示すこと。「例えば～のような」という意になる。

39 接続による助動詞の分類

① **未然形に接続するもの**
ず・る・らる・す・さす・しむ・む・むず・じ・まし・まほし

② **連用形に接続するもの**
き・けり・つ・ぬ・たり(完了)・けむ・たし

③ **終止形に接続するもの**
らむ・べし・まじ・めり・らし・なり(伝聞・推定)
※ただし、ラ変型活用の語の場合は連体形接続。

④ **連体形に接続するもの**
なり(断定)・ごとし

⑤ **已然形に接続するもの**
り
※ただし、サ変は未然形接続。また、命令形接続という説もある。

⑥ **名詞や助詞に接続するもの**
なり(断定)・たり(断定)・ごとし

40 おもな助詞一覧

種類	語	おもな用法・訳語	接続
格助詞	の	主格〔～ガ・～ノ〕、連体修飾格〔～ノ〕、同格〔～デ〕、準体格〔～ノモノ・～ノコト〕、連用修飾格(比喩)〔～ノヨウニ〕	体言 形容詞・形容動詞の語幹
	が		体言 連体形
	を	対象〔～ヲ〕、起点／経過点〔～カラ／～ヲ通ッテ〕	
	に	場所・帰着点・時〔～ニ〕、受身・使役の相手〔～ニ〕、対象・相手／目的〔～ニ／～ニ・～ノタメニ〕、原因・理由・方法〔～ニ・～ニヨッテ・～デ〕、変化の結果〔～ニ〕、強意(意味を強める)、比較の基準〔～ニ・～ト・～ヨリ〕、動作主の暗示〔～ガ・～ニオカレテハ〕	体言 連体形 連用形
	にて	場所〔～デ〕、手段・方法〔～デ〕、原因・理由〔～ニヨッテ・～デ〕	体言 連体形
	より	起点／経過点〔～カラ／～ヲ通ッテ〕、比較の基準〔～ニ比べテ・～ヨリ〕、手段・方法〔～デ〕、即時〔～トスグニ・～ヤイナヤ〕	
	から	原因・理由〔～ニヨッテ・～ノセイデ〕、起点／経過点〔～カラ／～ヲ通ッテ〕	
	して	手段・方法〔～デ・～デモッテ〕、共同者〔～ト・～トトモニ〕、使役の相手〔～ニ・～ニ命ジテ〕	体言
	へ	方向〔～へ・～ニ〕	

種類	語	おもな用法・訳語	接続
係助詞	ぞ なむ(なん)	強意(意味を強める)	種々の語
	や(やは) か(かは)	疑問〔～カ〕、反語〔～カ(イヤ～ナイ)〕	
	こそ	強意(意味を強める)	
	は	取り立て・他との区別〔～ハ〕、詠嘆〔～ヨ・～ネ〕	
	も	取り立て・類推〔～モ〕、並列／強意／詠嘆〔～モ／(意味を強める)／～ナア〕	
副助詞	だに	類推／最小限の願望〔～サエ／セメテ～ダケデモ〕	体言 連体形 助詞
	すら(そら)	類推〔～サエモ〕	
	さへ	添加〔～マデモ〕	
	のみ	限定／強意〔～ダケ・～バカリ／タダモウ～バカリ〕	
	まで	限度／程度〔～マデ／～ホド・～クライ〕	種々の語
	ばかり	限定〔～ダケ〕、程度〔～ホド・～クライ・～ゴロ〕	
	など	例示〔～ナド〕、婉曲〔～ナド〕、およその引用〔～ナドト〕	
	し・しも	強意(意味を強める)	

種類	助詞	意味・用法〔訳語〕	接続
格助詞	と	引用／共同者〔～ト／～ト・～トトモニ〕、比較の対象〔～ト・～ニ比べテ〕、変化の結果／比喩〔～ト・～ニ／～ノヨウニ〕、強意／並列〔（意味を強める）／～ト～ト〕	体言　連体形　引用文
接続助詞	ば	順接の仮定条件〔～ナラ(バ)・～タラ・～バ〕	未然形
		順接の確定条件〔～ノデ〕、順接の一般条件〔～ト〕、恒常条件〔～トイツモ〕	已然形
	と　とも	逆接の仮定条件〔～テモ・～トシテモ〕	終止形　連用形
	ど　ども	逆接の確定条件〔～ケレドモ・～ガ〕、逆接の一般条件〔～テモ〕	已然形
	が	逆接／単純な接続〔～ケレドモ・～ガ／～ガ〕	連体形
	に	順接／単純な接続〔～ノデ・～カラ／～ト〕、逆接〔～ケレドモ〕	
	を	逆接／順接〔～ノニ・～ガ／～ノデ・～カラ〕	
	ものを　ものの　ものから　ものゆゑ	逆接〔～ノニ・～ケレドモ〕	
	て・して	単純な接続〔～テ・～デ〕	連用形
	で	打消接続〔～ナイデ・～ナクテ〕	未然形
	つつ	反復／継続〔～テハ／～続ケテ〕、動作の並行〔～ナガラ〕	連用形
	ながら	逆接〔～モノノ・～ケレドモ〕、状態の継続・同時並行〔～ママデ・～ナガラ〕	連用形　形容詞・形容動詞の語幹

種類	助詞	意味・用法〔訳語〕	接続
終助詞	か　かな	詠嘆〔～(コト)ヨ〕	体言　連体形
	な	詠嘆〔～(コト)ヨ〕	文末
	や	詠嘆〔～ナア・～ダヨ〕、呼びかけ〔～ヨ〕	体言　形容詞・形容動詞の語幹　文末
	よ	詠嘆〔～ナア・～ヨ〕、呼びかけ〔～ヨ〕	体言　連体形　文末
	こそ	呼びかけ〔～サン〕	体言
	かし	念を押す〔～ヨ・～ナ〕	文末
	てしがな　にしがな	自分の希望〔～タイモノダ〕	連用形
	ばや	自分の希望〔～タイモノダ〕	未然形
	なむ(なん)	他への希望〔～シテホシイ〕	
	もがな　がな	存在・状態に対する希望〔～ガアレバイイナ・～ガホシイ〕	体言　連用形
	な	禁止〔～スルナ〕	終止形
	そ	禁止(「な～そ」)〔～スルナ〕	連用形
間投助詞	よやを	詠嘆〔～ネエ・～ヨ・～ネ〕	文節末

41 文学史（奈良・平安・鎌倉時代）

	奈良時代		平安時代	
	8世紀	9世紀	10世紀	11世紀

物語・説話・史書

8世紀
〈史書〉
- 712 古事記《こじき》①
- 720 日本書紀

9世紀
〈説話〉
- 日本霊異記《にほんりょういき》（景戒《きょうかい》）

10世紀
〈作り物語〉
- 竹取《たけとり》物語③
- 宇津保《うつほ》物語
- 落窪《おちくぼ》物語

〈歌物語〉
- 伊勢《いせ》物語④
- 大和《やまと》物語
- 平中《へいちゅう》物語

11世紀
- 1008ころ 源氏《げんじ》物語⑦（紫式部《むらさきしきぶ》）
- 堤 中納言《つつみちゅうなごん》物語
- 浜松《はままつ》中納言物語
- 夜の寝覚《ねざめ》
- 狭衣《さごろも》物語
- とりかへばや物語

日記・随筆

10世紀
〈日記〉
- 935ころ 土佐《とさ》日記⑤（紀貫之《きのつらゆき》）→
- 蜻蛉《かげろう》日記（藤原道綱母《ふじわらのみちつなのはは》）→

11世紀
- 1007ころ 和泉《いずみ》式部日記
- 1010ころ 紫式部日記 →
- 1060ころ 更級《さらしな》日記（菅原孝標女《すがわらのたかすえのむすめ》）

〈随筆〉
- 1001ころ 枕 草子《まくらのそうし》⑧（清少納言《せいしょうなごん》）

和歌・漢詩

8世紀
- 万葉集②

〈漢詩集〉
- 751 懐風藻《かいふうそう》

9世紀
〈勅撰《ちょくせん》和歌集〉

10世紀
- 905ころ 古今《こきん》和歌集⑥（紀貫之ら）→
- 951 後撰《ごせん》和歌集 →
- 拾遺《しゅうい》和歌集

11世紀
- 和漢朗詠集《わかんろうえいしゅう》⑨
- 本朝文粋《ほんちょうもんずい》

〈私家集〉
- 成尋阿闍梨母集《じょうじんあじゃりのははのしゅう》（日記にも分類される）

鎌倉時代
12世紀

〈歴史物語〉
栄花《えいが》物語 → 大鏡《おおかがみ》⑩ → 今鏡《いまかがみ》 → （水鏡《みずかがみ》・増鏡《ますかがみ》）

大今水増の順

→ 今昔物語集《こんじゃくものがたりしゅう》⑪
古本《こほん》説話集

→ 讃岐典侍《さぬきのすけ》日記

→ （方丈記・徒然草）

1086 後拾遺和歌集 → 1127 金葉《きんよう》和歌集 詞花《しか》和歌集 → 1188 千載《せんざい》和歌集 → （新古今和歌集）

「古今」から「新古今」の「八代集」を覚えよう

〈今様〉
梁塵秘抄《りょうじんひしょう》⑫

〈私家集〉
山家《さんか》集（西行《さいぎょう》）

おもな作品

①**古事記**…現存する最古の書物。稗田阿礼《ひえだのあれ》が誦習《しょうしゅう》した歴史を太安万侶《おおのやすまろ》が撰録した。

②**万葉集**…現存する最古の和歌集。代表的歌人として額田王《ぬかたのおおきみ》、柿本人麻呂《かきのもとのひとまろ》、山上憶良《やまのうえのおくら》、大伴家持《おおとものやかもち》などがいる。

③**竹取物語**…現存する最古の作り物語。かぐや姫の物語。

④**伊勢物語**…歌物語。在原業平《ありわらのなりひら》をモデルとした主人公の一代記風になっている。

⑤**土佐日記**…現存する最古の仮名日記。紀貫之が土佐から京までの帰路でのできごとを女性に仮託して書いた。

⑥**古今和歌集**…最初の勅撰和歌集。紀貫之らによって撰進された。貫之が書いた「仮名序」は歌論の初めとされる。この序文にすぐれた歌人として挙げられた在原業平、小野小町《おののこまち》など六名を六歌仙とよぶ。

⑦**源氏物語**…全五十四巻の長編物語。紫式部作。光源氏を主人公とした四十一巻とその死後の話を描く十三巻からなる。

⑧**枕草子**…随筆。清少納言作。作者の宮仕え生活の回想など、長短合わせて三百余段からなる。

⑨**和漢朗詠集**…歌謡集。藤原公任《ふじわらのきんとう》撰。朗詠に適した和歌や漢詩文を集めたもの。

⑩**大鏡**…歴史物語。百歳を超えた二人の老人と若侍との対話形式で描かれ、人物を中心とした紀伝体をとる。「鏡物」(「四鏡」とも)と呼ばれるものの一つ。

⑪**今昔物語集**…説話集。インド・中国・日本の説話を千話以上収録。書名は、各話の書き出しが「今は昔」となっていることによる。

⑫**梁塵秘抄**…歌謡集。平安時代末期に後《ご》白河《しらかわ》法皇によって編まれた。今様という歌謡を集めたもの。

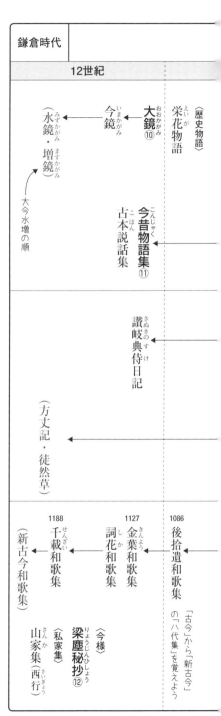

42 文学史（鎌倉・南北朝・室町時代）

鎌倉時代

（12世紀 → 13世紀）

物語・説話

- 〈歴史物語〉
  - 水鏡《みずかがみ》
- 〈擬古物語〉
  - 松浦宮物語《まつらのみや》 → 住吉物語《すみよし》
- 〈軍記物語〉
  - 保元物語《ほうげん》・平治物語《へいじ》 → 平家物語《へいけ》① → 源平盛衰記《げんぺいじょうすいき》
- 〈説話〉
  - 発心集《ほっしん》（鴨長明《かものちょうめい》） → 1221ころ 宇治拾遺物語《うじしゅうい》② → 1252 十訓抄《じっきんしょう》③ → 1254 古今著聞集《ここんちょもんじゅう》④（橘《たちばなの》　成季《なりすえ》） → 1283 沙石集《しゃせき》⑤（無住《むじゅう》）

日記・随筆・歌論・紀行

- 〈日記〉
  - 1233ころ 建礼門院《けんれいもんいん》右京大夫集《うきょうのだいぶ》（私家集にも分類される） → 1283ころ 十六夜日記《いざよい》⑦（阿仏尼《あぶつに》）
- 〈随筆〉
  - 1212 方丈記《ほうじょうき》⑥（鴨長明）
- 〈歌論書〉
  - 古来風体抄《こらいふうていしょう》（藤原俊成《しゅんぜい》） → 1209 近代秀歌《きんだいしゅうか》（藤原定家） → 1211ころ 無名抄《むみょうしょう》（鴨長明） → 1219 毎月抄《まいげつしょう》（藤原定家）
- 〈紀行〉
  - 1223ころ 海道記《かいどうき》 → 1242ころ 東関紀行《とうかんきこう》

和歌・連歌

- 〈勅撰和歌集〉
  - 1205 新古今和歌集《しんこきん》⑧（藤原定家ら）
- 〈私家集〉
  - 1213 金槐和歌集《きんかい》（源《みなもとの》　実朝《さねとも》）

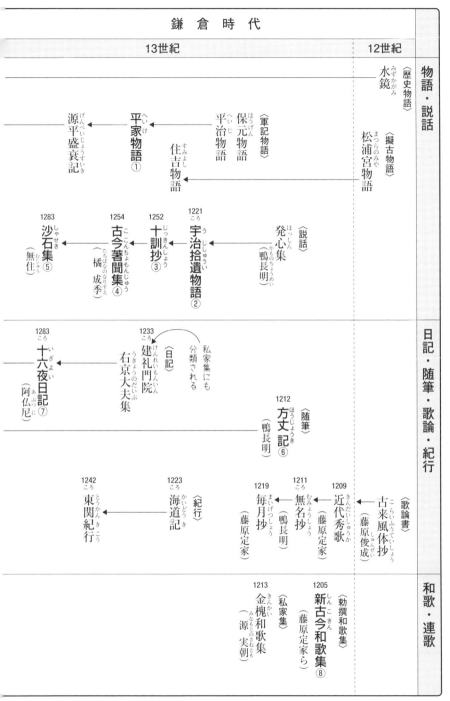

16世紀	15世紀	14世紀	
室町時代		南北朝時代	
		増鏡《ますかがみ》⑩ ← 太平記《たいへいき》⑨ ← 曾我《そが》物語 義経記《ぎけい》	
		とはずがたり（後深草院二条《ごふかくさいんにじょう》）← 1331ころ 徒然草《つれづれぐさ》⑪（兼好《けんこう》法師）←	
1532ころ 犬筑波集《いぬつくば》（山崎宗鑑《そうかん》）←	1495 新撰菟玖波集《しんせんつくば》（宗祇《そうぎ》）←	1356 菟玖波集《つくば》（二条良基《よしもと》）〈連歌〉	

おもな作品

①**平家物語**…軍記物語。平家一族の栄華と滅亡を描く。和漢混交文《わかんこんこうぶん》で書かれ、琵琶《びわ》法師たちによって平曲という語りで伝えられた。

②**宇治拾遺物語**…説話集。百九十七の説話からなる。貴族の話や庶民の話、さらに動物の話まで、幅広い内容を含んでいる。

③**十訓抄**…説話集。六波羅二臈左衛門《ろくはらにろうざえもん》入道作といわれる。年少者の啓蒙《けいもう》を目的としたもので教訓的な説話を収めている。

④**古今著聞集**…説話集。橘成季編。収録された話の数は七百以上で、『今昔物語集』に次ぐ。

⑤**沙石集**…仏経説話集。無住作。仏教の教義を易しく説くためのものであるが、仏教に関する話だけでなく、笑い話なども含まれている。

⑥**方丈記**…随筆。鴨長明作。厄災による世の無常や草庵での暮らしを和漢混交文で書く。鴨長明の作品には、他に仏教説話集『発心集』や歌論『無名抄』もある。

⑦**十六夜日記**…日記。阿仏尼作。夫の死後に起きた土地相続問題の訴訟のため、京都から鎌倉に下ったときに書かれたもの。

⑧**新古今和歌集**…八番目の勅撰和歌集。後鳥羽《ごとば》院の命により藤原定家らによって撰進された。最初の『古今集』からこの『新古今集』までをまとめて八代集とよぶ。

⑨**太平記**…軍記物語。鎌倉幕府滅亡から南北朝の争乱、室町幕府成立までを描く。

⑩**増鏡**…歴史物語。後鳥羽天皇から後醍《ごだい》醐《ご》天皇までの百五十年間を描く。「鏡物」（「四鏡」とも）と呼ばれるものの一つで最後の作品。

⑪**徒然草**…随筆。兼好法師作。多様な内容を収録。『枕草子』『方丈記』とともに三大随筆とよばれる。

43 文学史（江戸時代）

江　戸　時　代

小説・戯曲

17世紀

〈仮名草子〉
- 1665ころ　浮世《うきよ》物語（浅井了意《あさいりょうい》）

〈浮世草子〉
- 1682　好色一代男《こうしょくいちだいおとこ》（井原西鶴《いはらさいかく》）①
- 1688　日本永代蔵《にっぽんえいたいぐら》（西鶴）②
- 1692　世間胸算用《せけんむねさんよう》（西鶴）③

18世紀

〈浄瑠璃〉
- 1703　曽根崎心中《そねざきしんじゅう》（近松門左衛門《ちかまつもんざえもん》）
- 1711　冥途《めいど》の飛脚《ひきゃく》（近松）
- 1715　国性爺合戦《こくせんやかっせん》（近松）

〈読本〉
- 1776　雨月《うげつ》物語⑥（上田秋成《あきなり》）

国学・随筆

〈国学〉
- 1690　万葉代匠記《まんようだいしょうき》（契沖《けいちゅう》）
- → 1760ころ　万葉考《まんようこう》（賀茂真淵《かものまぶち》）
- → 1796　源氏物語玉《げんじものがたりたま》の小櫛《おぐし》⑦（宣長）
- 古事記伝《こじきでん》（宣長）

〈随筆〉
- 1716　折《おり》たく柴《しば》の記《き》（新井白石《あらいはくせき》）
- → 1793～　玉勝間《たまかつま》⑧（本居宣長《もとおりのりなが》）

俳諧・俳論・俳諧紀行

〈俳諧〉
- 1691　猿蓑《さるみの》④（松尾芭蕉《まつおばしょう》）
- → 1777　新花摘《しんはなつみ》（与謝蕪村《よさぶそん》）
- 1787　鶉衣《うずらごろも》（横井也有《よこいやゆう》）

〈俳論〉
- 1702　三冊子《さんぞうし》（服部土芳《はっとりどほう》）
- 1704　去来抄《きょらいしょう》（向井去来《むかいきょらい》）

〈俳諧紀行〉
- 野ざらし紀行（芭蕉）
- 笈《おい》の小文《こぶみ》（芭蕉）
- 1689　更科《さらしな》紀行（芭蕉）
- 1694　奥《おく》の細道《ほそみち》（芭蕉）⑤

19世紀

〈滑稽本〉

1802～ **東海道中膝栗毛**《とうかいどうちゅうひざくりげ》⑨（十返舎一九《じっぺんしゃいっく》）

1809～ **浮世風呂**《うきよぶろ》（式亭三馬《しきていさんば》）⑩

1814～ **南総里見八犬伝**《なんそうさとみはっけんでん》⑪（曲亭《きょくてい》（滝沢《たきざわ》）馬琴《ばきん》）

〈歌舞伎〉

1825 東海道四谷怪談《とうかいどうよつやかいだん》（鶴屋南北《つるやなんぼく》）

〈人情本〉

1832 春色梅児誉美《しゅんしょくうめごよみ》（為永春水《ためながしゅんすい》）

1818 花月草紙《かげつそうし》（松平定信《まつだいらさだのぶ》）

1819 おらが春（小林一茶《こばやしいっさ》）

おもな作品

①**好色一代男**…浮世草子。井原西鶴作。主人公世之介《よのすけ》の七歳から六十歳までの好色生活を描く。浮世草子の始まりの作品。

②**日本永代蔵**…浮世草子。井原西鶴作。金銭をめぐる町人たちの生活を描く。

③**世間胸算用**…浮世草子。井原西鶴作。一年の総決算日である大晦日《おおみそか》を舞台に、借金をめぐる人々の悲喜劇を描く。

④**猿蓑**…俳諧集。松尾芭蕉とその門人たちの発句《ほっく》をまとめたもの。蕉風《しょうふう》（芭蕉とその門人たちの俳風）を代表する作品。

⑤**奥の細道**…俳諧紀行。松尾芭蕉作。門人の曾良《そら》とともに東北・北陸地方を旅したときの紀行文。和漢混交文《わかんこんこうぶん》で書かれている。

⑥**雨月物語**…読本《よみほん》。上田秋成作。九編の怪異小説からなる。同じく秋成作の『春《はる》雨《さめ》物語』とともに読本の代表作品。

⑦**源氏物語玉の小櫛**…『源氏物語』の注釈書。本居宣長著。『源氏物語』の本質は「もののあはれ」であると説く。

⑧**玉勝間**…随筆。本居宣長著。宣長の学問・芸術などに対する考えを述べている。

⑨**東海道中膝栗毛**…滑稽《こっけい》本。十返舎一九作。弥次郎兵衛《やじろべえ》と喜多八《きたはち》の二人組が、江戸から伊勢、京都・大阪へと至る道中で引き起こす騒動や失敗談などをおもしろおかしく描く。

⑩**浮世風呂**…滑稽本。式亭三馬作。銭湯にやってくる人々の会話や行動を生き生きと描く。

⑪**南総里見八犬伝**…読本。曲亭（滝沢）馬琴作。里見家の興亡を描く長編小説。全編通じて「勧善懲悪《かんぜんちょうあく》（善を勧め、悪をこらしめる）」の思想が貫かれている。